主婦と生活社
THE BEST RECIPES

新装版 食べてやせる！

低カロリー おかず400

食べてやせる！低カロリーおかず400

PART1 栄養バランスもいい 500kcal 献立セットメニュー

- 500kcal献立作りのポイント … 10
- 青菜と鶏肉のオイスターソース炒めご飯 … 13
  - 青菜と鶏肉のオイスターソース炒め … 13
  - レタスのかにかまあえ … 13
  - 里いも煮 … 13
  - トマトとしめじのスープ … 13
- から揚げご飯 … 15
  - から揚げ … 15
  - ほうれん草のなめたけあえ … 15
  - かぼちゃ煮 … 15
  - わかめとキャベツのみそ汁 … 15
- 牛肉ビビンバ丼セット … 17
  - 牛肉とねぎのしょうゆ焼き … 17
  - 豆もやしのナムル … 17
  - 春菊のナムル … 17
  - とろろ昆布のスープ … 17
- 豆腐そぼろご飯 … 19
  - 豆腐そぼろ … 19
  - しらたきのたらこあえ … 19
  - いんげんのポン酢じょうゆあえ … 19
  - はんぺんとにんじんのすまし汁 … 19
- 玉ねぎと豚肉のポン酢炒めご飯 … 21
  - 玉ねぎと豚肉のポン酢炒め … 21
  - コーンとプチトマトのサラダ … 21
  - 小松菜の磯辺あえ … 21
  - セロリのかき玉スープ … 21
- 海鮮焼きそばセット … 23
  - 海鮮焼きそば … 23
  - ラーパーツァイ … 23
  - トマトのザー菜あえ … 23
  - きのこのスープ … 23

PART2 定番にひと工夫！ 人気おかずをカロリーダウン

- しょうが焼き … 26
- 煮込みハンバーグ … 27
- とんカツ … 28
- 鶏のから揚げ … 29
- ぶりの照り焼き … 30
- さばのみそ煮 … 30
- 肉じゃが … 31
- 筑前煮 … 31
- ぶり大根 … 32
- コロッケ … 32
- ホワイトグラタン … 33
- ビーフシチュー … 33
- クリームシチュー … 34
- チャーハン … 34
- ラーメン … 35
- オムライス … 36
- 焼きそば … 37
- 餃子 … 38
- 麻婆豆腐 … 39
- チンジャオロースー … 39
- すき焼き … 40
- ロールキャベツ … 40
- 野菜カレー … 41
- スパゲティミートソース … 41

PART3 心おきなく食べたい 肉の低カロリーメインおかず

- ステーキ … 44
- 牛肉のトマトチリソース … 45
- 牛肉ノンフライカツレツ … 45
- 牛肉とまいたけの焼き肉のたれ炒め … 46
- 牛肉とパプリカの炒めもの … 46
- 牛肉のにんにくしょうが焼き … 47
- 牛肉と根菜のカムカム煮 … 47
- 牛肉の香りあえ … 48
- 牛ソテー ごぼうソース … 48

CONTENTS

PART4 野菜もとれる！魚介の低カロリーメインおかず

- 牛肉とヤングコーンの炒めもの 48
- 牛肉とごぼうのしぐれ煮 48
- 牛肉ときのこのデミソース煮 49
- 牛タンサラダ 49
- 肉野菜香味炒め 49
- 豚肉と白菜の蒸しもの 50
- 豚肉とパインのケチャップ炒め 50
- 肉豆腐 51
- ヘルシーポークビーンズ 51
- 豚肉とピーマンのオイスターソース炒め 52
- 豚肉といんげんの塩炒め 52
- 豚肉のおろしあえ 52
- 豚肉と野菜のみそスープ仕立て 53
- 豆乳ポークシチュー 53
- ゆで豚と野菜のみそスープ仕立て 53
- ポークロール 54
- 豚肉のプチトマト巻き焼き 54
- 豚肉のにら巻き 54
- 豚肉のポン酢炒め 55
- 豚肉と小松菜の中華炒め 55
- 豚キムチ 56
- 豚肉のデミソース煮 57
- 豚肉の梅風味蒸し 57
- 和風ポトフ 57
- かぼちゃの鶏そぼろあん 58
- ひき肉のトマト煮 58
- ミートローフ 58
- 豚ひき肉のアスパラ包み焼き 59
- 肉だんごの甘酢あん 59
- 麻婆もやし 60
- ひき肉と野菜のみそぼろ 60
- きつね餃子 61
- キャベツとひき肉のピリ辛炒め 61
- エリンギのベーコン巻き 61
- スペイン風オムレツ 62
- ラムのすき焼き 62
- プルコギ風 62
- 蒸し鶏 62
- 鶏肉の西京焼き 63
- チキンシーザーサラダ 63
- 鶏肉とこんにゃくのみそ炒め 63
- 鶏肉の塩焼き 63
- 玉ねぎたっぷり親子煮 64
- 鶏肉とブロッコリーの炒めもの 64
- 鶏肉とにんじんの炒り煮 65
- チキントマト煮 65
- タンドリーチキン 65
- 鶏の照り焼き 66
- ロール白菜 66
- 豚肉とパインのケチャップ炒め 66
- 和風ポトフ 67
- ささみの梅マヨ焼き 67
- ささみのチーズ焼き 67
- ささみのチリソース炒め 68

- あじのカレームニエル 72
- あじのさんが焼き 73
- あじのヨーグルトみそ漬け 77
- かじきのゆずこしょう 77
- かじきとエリンギのチリソース炒め 77
- さばのおろし煮 73
- いわしの蒲焼き 74
- いわしのホイル焼き 74
- いわしの梅煮 75
- さけときのこの包み蒸し 75
- さけのマスタード焼き 75
- かじきの蒸し煮 76
- かじきとピーマンのケチャップ炒め 76
- たらのコチュジャン炒め 81
- ぶりの塩焼き 81
- ししゃもの南蛮漬け 81
- シーフードグラタン 82
- シーフードのトマト煮 82
- まぐろの和風タルタル 78
- まぐろの照り焼き 78
- まぐろの和風ステーキ 79
- さんまの直火焼きみかんソース 79
- 白身魚と野菜のオーブン焼き 79
- たらのピカタ 80
- たらのにんにくステーキ 80
- えびとかぼちゃのトマト煮 83
- えびとマッシュルームのグラタン風 83
- えびとチンゲン菜の蒸しもの 84
- えびと野菜のうま煮 84
- えびとセロリのチリソース炒め 85

PART5 ダイエットにも 豆・大豆製品の低カロリーメインおかず

- しいたけのえびづめ焼き … 85
- 和風生春巻き … 85
- いかのハンバーグ ごぼうソース … 86
- いかと枝豆の塩炒め … 86
- いかとりんごの炒めもの … 86
- いかと大豆のトマト煮 … 87
- たこと大豆のケチャップ煮 … 87
- たこボールの辛子じょうゆ … 87
- 帆立のガーリック炒め … 88
- 帆立と大根のうま煮 … 88
- 帆立のバター蒸し … 89
- あさりの酒蒸し … 89
- あさりのチヂミ … 89
- ツナの月見グラタン … 90
- ツナとパプリカのオープンオムレツ … 90
- コロッケ風パン粉焼き … 91
- 枝豆とツナのスクランブルエッグ … 91
- 簡単かに玉の甘酢あんかけ … 91
- 豆カレー … 94
- 豆のトマト煮 … 94
- 大豆入り焼き春巻き … 95
- 大豆と肉のみそ炒め … 95
- 大豆のスープカレー … 96
- 豆入りライスサラダ … 96
- 大豆のコロコロサラダ … 96
- ひよこ豆とかぼちゃのグラタン … 97
- ひよこ豆入りつくね … 97
- きつね八幡焼き … 98
- カリカリ厚揚げ酢豚 … 98
- 厚揚げと野菜の蒸し煮 … 98
- 厚揚げなめたけソース … 99
- 揚げと豆腐のびっくり鍋 … 99
- 厚揚げの肉ねぎみそ焼き … 99
- 豆腐の簡単グラタン … 100
- さっぱり揚げだし豆腐 … 100
- ブロッコリーと豆腐のホットサラダ … 100
- かに豆腐 … 101
- 高野豆腐入りかに玉 … 101
- 高野豆腐のはさみ煮 … 101
- 納豆ブルスケッタ … 102
- 豆づくしきんちゃく … 102
- おからサラダ … 102
- アボカドまぐろ納豆 … 103
- おからハンバーグ … 103
- 豆乳茶碗蒸しのきのこあんかけ … 103

PART6 上手に食べよう ご飯・麺・パンの低カロリーメインメニュー

- 親子丼 … 106
- 牛丼 … 107
- 麻婆春雨丼 … 107
- 牛ひき肉とこんにゃくの甘辛丼 … 108
- 三色丼 … 108
- あぶ玉丼 … 109
- 韓国風あんかけご飯 … 109
- ヘルシーお豆腐丼 … 109
- 簡単シーフードピラフ … 110
- ごぼう入りオムライス … 110
- 炒めないチャーハン … 111
- 卵ご飯のロールキャベツ … 111
- きのこご飯 … 112
- 里いもの炊き込みご飯 … 112
- にんじんライス … 113
- ツナとなめたけの炊き込みご飯 … 113
- 玄米入りひじきご飯 … 113
- 野菜たっぷり雑炊 … 114
- あさりと根菜のエスニックがゆ … 114
- 鶏肉おかゆアジア風 … 115
- 野菜たっぷり豆乳おじや … 115
- そうめんの和風トマトソースがけ … 116
- 冷やし中華風そうめん … 116
- サラダうどん … 117
- 五色パラパラそば … 117
- ぶっかけ納豆そば … 117
- ナポリタン … 118
- 豆乳クリーミィスパゲティ … 118
- 帆立と海藻のパスタ … 119
- ほうれん草のバジルスパゲティ … 119

PART 7 組み合わせ自在 小さなおかずの和風・洋風バリエ

- 水菜としらすのスパゲティ 119
- うなぎのサラダスパゲティ 120
- 白身魚とルッコラのスパゲティ 120
- フジッリの帆立あえ 121
- ペンネのあさりトマトソースあえ 121
- きのこの和風冷製パスタ 121

❀ 和風
- 長いもの野菜あんかけ 128
- フーチャンプル 128
- こんにゃく入りのし鶏 128
- オニオンスライスの卵あえ 129
- ソースこんにゃく 129
- ひじきのポン酢あえ 129
- つるむらさきのごまあえ 129
- 砂肝としししとう炒め 130
- 卵のしょうゆ煮 130
- そぼろ卵 130
- 簡単きんぴら 131
- 里いも田楽 131
- 大豆のみぞれあえ 131
- 砂肝のポン酢あえ 131
- ひき肉の卵焼き 132
- ごぼうみそカツ 132
- 牛肉じゃが 132
- エリンギの辛味みそがけ 133

- 簡単ビーフン 122
- 納豆焼きそば 122
- 牛肉とチンゲン菜の焼きそば 123
- 鶏肉の塩焼きそば 123
- キャベツのオムそば 123
- きのこのオムレツサンド 124

- なめたけ&万能ねぎ入り卵焼き 133
- たたきごぼう 133
- はんぺんと三つ葉のあえもの 133
- 焼きしいたけとささみの梅肉あえ 134
- まいたけと鶏肉、ちくわの煮もの 134
- しめじとさけの炒めもの 134
- じゃがいもまんじゅう 135
- まいたけと油揚げの煮もの 135
- にんじんの梅煮 135
- 焼き野菜の豆腐マヨ添え 139
- れんこんとかぼちゃのサラダ 139
- さつまいものりんご煮 139
- ツナ玉そぼろ 140
- 一口スコッチエッグ 140
- キャベツと油揚げの煮もの 140
- かぼちゃのとろーりチーズ 141
- 切り干し大根のツナサラダ 141
- れんこんのスパイス炒め煮 141

- 照り焼きチキンドッグ 124
- ♪チーズコーレ 125
- キャベツとツナのカレー炒めドッグ 125
- ビーフサンド 125

❀ 洋風
- ブロッコリーのコーンクリームがけ 136
- 野菜ピカタ 136
- 野菜たっぷりチャプチェ 136
- ヘルシーラタトゥイユ 137
- トマトのじゃがいもはさみ焼き 137
- れんこんサラダ 137
- 卵のココット風 138
- スクランブルきんちゃく 138
- 青菜のチヂミ 138

- れんこんときゅうりのサラダ 142
- うずら卵とヤングコーンの炒めもの 142
- 青菜のキッシュ風 142
- サラダいなり 142
- カリフラワーのオーロラあえ 143
- パプリカのコンビーフあえ 143
- カリフラワーのグラタン 143
- しいたけのチーズソテー 143

もう一品に役立つ! カロリー別スピード小鉢

10kcal以下
- キャベツのゆかりあえ … 145
- かぶの浅漬け … 145
- キャベツののりあえ … 145
- きのこのもずくあえ … 145
- しらたきの明太あえ … 145

10kcal台
- ひじき煮 … 146
- きゅうりののりあえ … 146
- きのこのワイン蒸し … 146
- 大根のゆかりあえ … 146
- 小松菜の辛子あえ … 146
- スナップえんどうと桜えびのあえもの … 146
- かぶの甘酢漬け … 147
- ピーマンの塩昆布あえ … 147
- にらののり巻き … 147
- 三色野菜の水キムチ … 147
- ピーマンの昆布ごろも … 147
- 大根の昆布茶あえ … 147
- ブロッコリーの昆布茶あえ … 148
- セロリの甘酢漬け … 148
- ひじきといんげんのサラダ … 148
- 山椒風味のオクラ … 148
- かぶと梅昆布の即席漬け … 148
- いんげんのレモンがけ … 149
- 大根のはりはり漬け … 149
- まさごあえ … 149
- ほうれん草とじゃこのあえもの … 149
- 雷こんにゃく … 149

20kcal台
- 大根の梅あえ … 150
- ほうれん草ののりマスタードあえ … 150
- 白菜のおひたし … 150
- アスパラガスの梅肉あえ … 150
- きゅうりのしょうがあえ … 150
- 白菜のごまあえ … 151
- ブロッコリーのナッツあえ … 151
- 糸寒天サラダ … 151
- 焼きなすのポン酢じょうゆがけ … 151
- レタスのソース炒め … 151
- にんじんともやしのナムル … 152
- エリンギの粉チーズ炒め … 152
- 韓国風めかぶ … 152
- 三色洋風なます … 152
- 大根のサラダ … 152
- トマトと白しめじのあえもの … 153
- きのこの焼きびたし … 153

30kcal台
- ブロッコリーの梅おかかあえ … 153
- もやしの韓国風酢のもの … 153
- わかめときゅうりのグレープフルーツあえ … 153
- 絹さやとえのきのみそ炒め … 154
- きのこのケチャップ煮 … 154
- オクラとトマトのあえもの … 154
- もずくのレモン風味サラダ … 154

40kcal台
- きのことピーマンのアンチョビー炒め … 154
- 小松菜の甘辛あえ … 155
- 小松菜のにんにくソテー … 155
- フルーティコールスロー … 155
- 水菜の煮びたし … 155
- ひじきのピーナッツあえ … 155
- にんじんとりんごのサラダ … 156
- 白菜としらすのサラダ … 156
- 大根と帆立のサラダ … 156
- セロリのいかくんサラダ … 156
- 水菜とパプリカのナムル … 156
- きのことこんにゃくの辛子炒め … 157
- キャベツとわかめのしらすあえ … 157
- プチトマトのオニオンドレッシングサラダ … 157
- ブロッコリーともやしのペペロンチーノ風 … 157
- よくばりピクルス … 157
- きのこのカラフルマリネ … 158
- しらたきとわかめの卵とじ … 158
- 豆腐サラダ … 158
- ごぼうとこんにゃくのおかか煮 … 158
- 緑野菜のごまみそがけ … 158

50kcal台
- 三色あえ … 159
- 山いもとなめたけのわさびおろしあえ … 159
- 粉ふきいもの青のりあえ … 159
- ラタトゥイユ … 159

■ オレンジとレーズンのはちみつマリネ ... 159

COLUMN 色で選ぶ！献立お助け副菜

❀ 赤のおかず
- プチトマトとじゃこのごま油炒め ... 24
- パプリカのきんぴら ... 24
- トマトとひき肉のバジル炒め ... 24
- ラディッシュの甘酢漬け ... 24
- 紫玉ねぎとくるみのサラダ ... 24
- パプリカとツナのごまあえ ... 24

● 緑のおかず
- かぼちゃと玉ねぎのソテー ... 24
- コーンのチーズ焼き ... 24
- ヤングコーンのソース炒め ... 24
- 菜の花とハムのソテー ... 24
- 小松菜のナンプラー炒め ... 24
- 絹さやとうずら卵の炒めもの ... 24
- ピーマンの焼きびたし ... 24
- 青のり&コーン入り卵焼き ... 42
- 春菊ののり巻き ... 42
- そら豆のごましょうゆ漬け ... 42
- いんげんのピカタ ... 42
- ブロッコリーの塩昆布あえ ... 42
- アスパラのなめたけあえ ... 42
- ほうれん草と炒り卵のあえもの ... 42
- スナップえんどうのドレッシングマリネ ... 42

● 黄のおかず
- ひじき煮入り卵焼き ... 42
- 黄パプリカのおかかあえ ... 42
- 黄パプリカとちくわの煮もの ... 42
- 油揚げとねぎの塩きんぴら ... 42
- かぼちゃのみそ煮 ... 42
- コーンとさけフレークのあえもの ... 42
- さつまいものカレー風味茶きん ... 42
- 焼き大学いも ... 42
- 油揚げのひき肉はさみ焼き ... 92

● 白のおかず
- ひじきとパプリカのごま油炒め ... 92
- なすの炒め煮 ... 92
- きくらげのごま油炒め ... 92
- 切り昆布の明太あえ ... 126
- 里いものごまよごし ... 126
- 黒豆の紅茶漬 ... 126

● 黒のおかず
- かぶの梅肉あえ ... 126
- 大根と帆立のマヨあえ ... 126
- 白菜のレモン漬 ... 126
- ねぎとチャーシューのあえもの ... 144
- れんこんのオリーブ油炒め ... 144
- はんぺんの青のりあえ ... 144

◆ 本書の使い方 ... 8
◆ 料理用語辞典 ... 160

◆ 材料辞典 ... 164
◆ 材料別索引 ... 167

本書の使い方

* この本は、低カロリーにアレンジしたおかずや主食を400レシピ掲載しています。
* 「目次」からでも、巻末の「材料別索引」からでも、作りたい料理がダブル検索できます。
* レシピページは、カロリーや塩分の表示をはじめ、調理や献立作りがスムーズにできる様々な工夫を施しています。
  44～45ページを例に本書の特徴をご説明します。

分量表記について

- 大さじ1は15ml、小さじ1は5ml、1カップは200mlです。
- 米をはかるときは、1合＝180ml（150g）の計量カップを使用しています。
- 野菜や切り身魚など、特に記載がない場合は、中くらいの大きさを基準にしています。
- にんにくやしょうがの1かけとは、親指の先くらいの大きさが目安です。
- 材料にだし汁と表記されたものは、昆布、かつおぶし、煮干しなどの材料からとります。固形または顆粒スープの素は、市販のコンソメの素を使っています。市販のだしの素やスープの素は、メーカーにより味や塩分に差があるため、表示より少なめに使って味を見ながら調整することをおすすめします。

注意したいこと

- エネルギーのkcalと塩分の表示は、特に記載がない場合は1人分です。
- フライパンはすべてフッ素樹脂加工のものを使用しています。
- 電子レンジの加熱時間は、500Wのものを使用した場合の目安です。
  機種や材料の状態などで、実際の加熱時間は異なるため、様子を見ながら調節してください。
- オーブン、およびオーブントースターの温度と加熱時間は目安です。様子を見ながら加熱してください。
- レシピ中の「500kcalおすすめ献立」（下記参照・P9～23を除く）は、メインおかずの場合は小ぶりの茶碗1杯分のご飯（120g）202kcal＋汁もの30kcalを別につけて、ご飯・麺・パンの場合は汁もの30kcalを別につけて、500kcal台までになるよう調整してあります。

レシピページの見方

「インデックスつきで主材料から作りたい料理がすぐ引ける」

「材料が品目ごとに1行表示で見やすい」

「全レシピに「カロリー」と「塩分量」を見やすく表示」

「Part2では人気おかずの「カロリー減」もひと目でわかる」

「500kcalおすすめ献立」で500kcal献立作りが簡単！

「Part1では「500kcal献立セット」を紹介。「合計カロリー」もわかりやすい」

栄養バランスもいい
500kcal献立セットメニュー

おいしく食べて、無理なく健康的にやせられる！
話題の「500kcal」を目安にした献立レシピをご紹介。
食材の組み合わせ、調理の工夫、量の目安など
毎日の食事を低カロリーにするコツが満載です。

500kcal献立作りのポイント

まずは500kcal台の献立のメリットや組み合わせ方をチェック。
知っておくと、自分でも無理のないダイエット献立を考えられますよ。

なぜ１食500kcalだと太らないの？

一般の成人女性が体に負担をかけずにやせるには、1日の摂取カロリーを1600kcal以下に抑える必要があります。1日3食で考えれば、およそ1食500kcalが目安。1日に必要なエネルギー量の基準値は、性別、年齢、基礎代謝量と身体の活動レベルによって異なりますが、1食500kcalを目安にすれば、ほとんど運動をしない成人でも無理なくやせられるというわけです。

●1日あたり必要なエネルギーの食事摂取基準（日／kcal）

	男性			女性		
活動レベル	低い	ふつう	高い	低い	ふつう	高い
18〜29歳	2,250	2,650	3,000	1,700	1,950	2,250
30〜49歳	2,300	2,650	3,050	1,750	2,000	2,300
50〜69歳	2,100	2,450	2,800	1,650	1,950	2,200
70歳以上	1,850	2,200	2,500	1,450	1,700	2,000

資料：厚生労働省「日本人の食事摂取基準」2010年版

献立は「一汁三菜」を基本にそれぞれの目安量を把握して

主食＋主菜＋副菜に、体を温める汁ものを組み合わせた「一汁三菜」をベースにすると、食材の種類が増えて栄養バランスもアップ。また、それぞれのカロリーの目安を把握しておくと、上手に500kcal台の献立を作れるようになります。

副菜1 **副菜2**
副菜は野菜を中心にして100kcalを目安に。主菜のカロリーと合わせて300kcal台を上限と考えるといい。主菜のたんぱく質源が少ない場合は、たんぱく質源が入る副菜でもよい。

主菜
肉や魚介、卵で作る場合は200〜250kcal、野菜や豆類を中心にして作る場合は100〜150kcalを目安に。

主食
主食は200kcal台を目安に。ご飯なら小ぶりの茶碗に軽く1杯(120〜150g)くらい。焼きそばなど、主食と主菜を兼ねる場合は300kcal台を目安に。

汁もの
海藻や野菜など、主菜や副菜で足りない栄養を補足する食材を具に。バランスを見て30〜50kcal程度に。

肉や魚介は脂の少ないものを選ぶ

肉や魚介は体をつくるたんぱく質の補給源。体内で合成できない必須アミノ酸を摂取するためにも、極端に減らす必要はありません。1食あたりの適量は70〜80g。また、牛や豚ならバラ肉より赤身のもも肉、鶏なら胸肉やささみ、魚ならかじきなどの白身魚と、脂肪の少ないものを選ぶだけでもカロリーに差がつきます。

主食は抜かないこと

主食の炭水化物は、体内でグリコーゲンやブドウ糖となり、おもに脳や体を動かすエネルギー源となります。ご飯をはじめ、麺やパンなどの主食を極端に減らすと、集中力や活動が鈍くなることも。1食分で200kcal台を目安に、最低でもこれくらいは食べるようにしましょう。

●1食分200kcal台の主食の目安

ご飯	小ぶりの茶碗に軽く1杯(120g)	202kcal
うどん(ゆで)	1玉(230g)	243kcal
中華麺(蒸し)	1玉(150g)	297kcal
スパゲティ(乾燥)	約60g(ゆでた場合150g)	227kcal
食パン(4枚切り)	1枚(90g)	238kcal

資料：「五訂増補食品成分表」より

調理でも油を少なくする工夫を!

脂質は3大栄養素のひとつですが、炭水化物とたんぱく質は1gあたり4kcalなのに対して、脂質は9kcalと2倍以上。食事のカロリーを抑える場合、最もとり方に注意が必要です。肉や魚の脂肪を減らすと同時に、揚げものなら油を吸うころもを薄くする、炒めものならフッ素樹脂加工のフライパンで油をなるべく使わないなど、調理方法もひと工夫を。

さまざまな種類と色の食材を使う

ビタミンやミネラルの補給源である野菜、食物繊維が豊富なきのこ類や海藻類、たんぱく源にもなる豆類なども、主菜や副菜に積極的に取り入れて。さらに1食の献立で、赤・黄・緑・黒など、できるだけカラフルに異なる色を組み合わせるのがコツ。そうすると、自然と栄養バランスも整ってきます。

里いも煮

トマトとしめじのスープ

TOTAL
514
kcal

塩分3.6g

青菜と鶏肉のオイスターソース炒め

レタスのかにかまあえ

青菜と鶏肉のオイスターソース炒めご飯

鶏肉は薄いそぎ切りに。さらに青菜と炒め合わせれば
肉が少なめでも、うまみがよくからんでしっかり食べごたえのある献立になります。

500kcal献立セットメニュー
● 青菜と鶏肉のオイスターソース炒めご飯

45kcal 塩分0.8g

だしの風味をきかせてうす味に
里いも煮

✳ 材料（2人分）
里いも	3～4個（120g）
だし汁	1カップ
うす口しょうゆ・みりん	各大さじ½

✳ 作り方
1　里いもは皮をむき、食べやすい大きさに切って水にさらす。
2　鍋にだし汁、しょうゆ、みりんを合わせ、水けをきった1を加えて火にかける。クッキングシートで落としぶたをして、煮汁が少なくなるまで煮る。

217kcal 塩分1.3g

オイスターソースのうまみでおいしく
青菜と鶏肉のオイスターソース炒め

✳ 材料（2人分）
小松菜	160g
鶏もも肉	160g
塩・こしょう	各少々
A　オイスターソース	小さじ2
酒	大さじ2
鶏ガラスープの素	少々
サラダ油	小さじ2

✳ 作り方
1　小松菜は3cm長さに切り、茎と葉を分ける。鶏肉はそぎ切りにし、塩、こしょうをふる。Aは混ぜ合わせておく。
2　フライパンに油を熱し、鶏肉を炒める。脂が出てきたら、小松菜の茎を加えて炒め合わせる。しんなりしたら小松菜の葉を加えて、Aを回し入れて全体にからめる。

14kcal 塩分1.0g

トマトのうまみがきいて彩りにも
トマトとしめじのスープ

✳ 材料（2人分）
トマト	½個
しめじ	½パック
水	1と½カップ
鶏ガラスープの素	小さじ1
塩・こしょう	各少々

✳ 作り方
1　トマトは角切りにする。しめじは石づきを落としてほぐす。
2　鍋に水、鶏ガラスープの素を合わせて煮立て、1を加えてひと煮立ちさせる。塩、こしょうで味をととのえる。

36kcal 塩分0.5g

レタスのパリパリ感も味わい
レタスのかにかまあえ

✳ 材料（2人分）
レタス	2枚
かに風味かまぼこ	2本
フレンチドレッシング（市販品）	小さじ2

✳ 作り方
1　レタスは水けをきり、食べやすい大きさにちぎる。かに風味かまぼこは長さを3等分に切り、細かくほぐす。
2　ボウルに1、ドレッシングを入れて、混ぜ合わせる。

＊1人分につき、ご飯120g（202kcal／塩分0g）。

TOTAL
526 kcal
塩分3.4g

かぼちゃ煮

ほうれん草の
なめたけあえ

わかめとキャベツのみそ汁

から揚げ

から揚げご飯

鶏肉は皮を取るだけでカロリーがぐっと下げられます。さらに、油を吸いやすいころもを薄くまぶすのがコツ。揚げものに時間がかかる分、副菜は簡単に！

500kcal献立セットメニュー ●から揚げご飯

77kcal 塩分0.4g

電子レンジで煮ものもラクラク
かぼちゃ煮

材料(2人分)

かぼちゃ	約1/8個(160g)
めんつゆ(3倍濃縮タイプ)	小さじ2
水	大さじ2

作り方

1 かぼちゃは種とワタを取り、皮をところどころむいて一口大に切る。
2 耐熱容器に1、めんつゆ、水を入れる。表面を覆うようにぴったりとラップをかけ、その上からふんわりとラップをかけて、電子レンジで2分加熱し、そのまましばらく蒸らす。

200kcal 塩分1.0g

胸肉を使ってより低カロリーに
から揚げ

材料(2人分)

鶏胸肉	160g
A しょうゆ・酒	各大さじ1
しょうがの絞り汁	少々
片栗粉	小さじ1
プチトマト	4個
サラダ菜	2枚
揚げ油	適量

作り方

1 鶏肉は皮を取ってそぎ切りにする。バットにAを合わせ、鶏肉を15分ほど漬けておく。
2 1の汁をペーパータオルなどでふき、片栗粉を薄くまぶして、余分な粉をはたいて落とす。
3 フライパンに揚げ油を1～2cm高さまで入れて180℃に熱し、2をカラリと揚げる。器にサラダ菜とプチトマト、油をきったから揚げを盛る。

24kcal 塩分1.3g

意外と相性のいい繊維豊富な汁もの
わかめとキャベツのみそ汁

材料(2人分)

カットわかめ(乾燥)	ひとつまみ
キャベツ	1枚
だし汁	1と1/2カップ
みそ	大さじ1弱

作り方

1 キャベツは食べやすい大きさに手でちぎる。
2 鍋にだし汁、カットわかめを合わせて火にかけ、煮立ったら1のキャベツを加える。
3 キャベツが柔らかくなったら、みそを溶き入れて火を止め、器に盛る。

23kcal 塩分0.7g

びん詰のなめたけで手軽に
ほうれん草のなめたけあえ

材料(2人分)

ほうれん草	約1/2束(160g)
しょうゆ	少々
なめたけ	大さじ2

作り方

1 ほうれん草は塩少々(分量外)を加えた熱湯でさっとゆで、水けを絞って3cm長さに切る。
2 1にしょうゆをなじませ、さらに水けを絞る。
3 2を小さめのボウルに入れ、なめたけを加えてあえる。

*1人分につき、ご飯120g(202kcal／塩分0g)。

牛肉ビビンバ丼セット

がっつり食べたい気分のときにおすすめ！ご飯や肉は少なめにして、
韓国風あえものの野菜のナムルをたっぷりのせて。

30 kcal
塩分0.5g

春菊のほろ苦さをおいしく味わえる
春菊のナムル

✖ 材料(2人分)

春菊	100g
A 長ねぎ(みじん切り)	小さじ1
A すりごま	小さじ1
A 塩・ごま油	各少々

✖ 作り方

1　春菊は塩少々(分量外)を加えた熱湯でさっとゆで、ざるに取って水けをきり、食べやすい長さに切る。
2　ボウルにAを混ぜ合わせ、1の春菊を入れてあえる。

216 kcal
塩分1.4g

牛肉のうまみを生かしてシンプルに
牛肉とねぎの しょうゆ焼き

✖ 材料(2人分)

牛もも焼き肉用肉	160g
塩・こしょう	各少々
長ねぎ	½本
ごま油	小さじ2
しょうゆ・酒	各小さじ2
一味唐辛子	少々

✖ 作り方

1　牛肉は一口大に切り、塩、こしょうをふって下味をつける。長ねぎは斜め切りにする。
2　フライパンにごま油を熱し、牛肉を入れて焼く。肉の色が変わったら、長ねぎを加えてしんなりするまで焼く。
3　しょうゆ、酒を加えて全体にからめ、一味唐辛子をふる。

6 kcal
塩分1.2g

低カロリーでうまみはしっかり
とろろ昆布のスープ

✖ 材料(2人分)

とろろ昆布	ふたつまみ
万能ねぎ	2本
水	1と⅔カップ
鶏ガラスープの素	小さじ1
しょうゆ・塩・こしょう	各少々

✖ 作り方

1　万能ねぎは斜め切りにする。
2　鍋に水、鶏ガラスープの素を合わせて煮立てる。とろろ昆布を加え、再び煮立ったら、しょうゆ、塩、こしょうで味をととのえる。
3　器に盛って、1の万能ねぎを散らす。

37 kcal
塩分0.4g

豆つきもやしで栄養価をアップ
豆もやしのナムル

✖ 材料(2人分)

豆もやし	100g
A 長ねぎ(みじん切り)	小さじ1
A すりごま	小さじ1
A 塩・ごま油	各少々

✖ 作り方

1　鍋に湯を沸かして塩少々(分量外)を加えてもやしをさっとゆで、ざるに取って水けをきる。
2　ボウルにAを混ぜ合わせ、水けをきった1のもやしを入れてあえる。

*1人分あたり、玄米ご飯120g(198kcal／塩分0g)をどんぶりに盛り、牛肉とねぎのしょうゆ焼き、豆もやしのナムル、春菊のナムルをのせて、あれば糸唐辛子を添える。

豆腐そぼろご飯

豆腐をポロポロに炒りつけると、まるで肉そぼろ！
ご飯にのせてどんぶり風にしてもおいしいし、ひき肉がわりにカレーなどにもアレンジしてみて。

500kcal献立セットメニュー
●豆腐そぼろご飯

28kcal 塩分0.6g

縦に裂くと味がよくからむ
いんげんのポン酢じょうゆあえ

✤ 材料（2人分）
いんげん	約20本(160g)
粒マスタード	小さじ1
ポン酢じょうゆ	小さじ2

✤ 作り方
1　鍋に湯を沸かし、いんげんをさっとゆで、ざるに取って水けをきる。2cm長さに切り、縦半分に手で裂く。
2　ボウルに粒マスタード、ポン酢じょうゆを合わせ、**1**のいんげんを加えてあえる。

161kcal 塩分1.3g

ひき肉を使わず、ぐんと低カロリー
豆腐そぼろ

✤ 材料（2人分）
木綿豆腐	大1丁(40g)
しょうゆ・みりん	各大さじ1

✤ 作り方
1　豆腐はペーパータオルに包んで耐熱容器に入れ、電子レンジで30秒〜1分加熱して水きりをしておく。
2　フライパンを熱し、豆腐を手でくずしながら入れる。菜箸を数本合わせ、そぼろ状になるようにき混ぜながらから炒りして、水分を飛ばす。
3　**2**にしょうゆ、みりんを加えて、さらにいりつける。

40kcal 塩分1.1g

ふわふわはんぺんでボリューム感が
はんぺんとにんじんのすまし汁

✤ 材料（2人分）
はんぺん	約½枚(60g)
にんじん	約¼本(40g)
だし汁	1と½カップ
うす口しょうゆ	小さじ1

✤ 作り方
1　はんぺん、にんじんは短冊切りにする。
2　鍋にだし汁と**1**を合わせて火にかける。にんじんが柔らかくなったら、しょうゆを加えて味をととのえる。

51kcal 塩分0.9g

たらこのうまみでつるつるおいしい
しらたきのたらこあえ

✤ 材料（2人分）
しらたき	160g
たらこ	½腹
ごま油	小さじ1

✤ 作り方
1　しらたきは食べやすい長さに切る。たらこはスプーンで皮から中身をこそげる。
2　鍋に湯を沸かし、しらたきをさっとゆでて、ざるに取って水けをきる。ボウルに移し、熱いうちに**1**のたらことあえ、ごま油をたらす。

＊1人分につき、ご飯120gに刻みのり適量をのせる（202kcal／塩分0g）。

TOTAL
482 kcal
塩分3.1g

セロリのかき玉スープ

玉ねぎと豚肉のポン酢炒め

小松菜の磯辺あえ

コーンとプチトマトのサラダ

玉ねぎと豚肉のポン酢炒めご飯

ビタミンB$_1$が豊富な豚肉は、玉ねぎと合わせるといっそう疲労回復に効果的です。赤・黄・緑の彩りのいい副菜を合わせて。

のりひとつで簡単に風味アップ
小松菜の磯辺あえ

材料(2人分)

小松菜	4株(160g)
もみのり	少々
しょうゆ	小さじ1
だし汁	小さじ2

作り方

1 小松菜は塩少々(分量外)を加えた熱湯でさっとゆで、ざるに取って水けを絞り、3cm長さに切る。
2 ボウルに1、もみのり、しょうゆ、だし汁を合わせてあえる。

ポン酢じょうゆでさっぱり風味
玉ねぎと豚肉のポン酢炒め

材料(2人分)

玉ねぎ	½個
豚もも薄切り肉	160g
塩・こしょう	各少々
ごま油	小さじ2
ポン酢じょうゆ	大さじ1

作り方

1 玉ねぎはくし形に切る。豚肉は塩、こしょうをふって下味をつける。
2 フライパンにごま油を熱し、豚肉、玉ねぎを炒める。
3 2に火が通ったら、ポン酢じょうゆを回しかけて全体を混ぜる。

セロリは汁ものに使うと食べやすい
セロリのかき玉スープ

材料(2人分)

セロリ	½本
卵	1個
水	1と½カップ
顆粒スープの素(コンソメ)	小さじ1
塩・こしょう	各少々

作り方

1 セロリは角切りにする。卵は割りほぐしておく。
2 鍋に水、顆粒スープの素を合わせて煮立て、1のセロリを加えてひと煮たちさせる。
3 1の溶き卵を回し入れて、ふんわりとしたら、塩、こしょうで味をととのえる。

市販のドレッシングで手軽に
コーンとプチトマトのサラダ

材料(2人分)

ホールコーン缶	大さじ2
プチトマト	10個
フレンチドレッシング(市販品)	小さじ2

作り方

1 コーン缶は缶汁をきる。プチトマトはへたを取り、半分に切る。
2 ボウルに1、ドレッシングを入れて混ぜ合わせる。

*1人分につき、ご飯120g(202kcal／塩分0g)。

海鮮焼きそばセット

焼きそばも肉ではなく魚介を使えばカロリーダウン！
酒で魚介のうまみを引き出してソースを控えめにすることもポイントです。

23 kcal
塩分0.3g

うまみ濃厚なザー菜とあえるだけ
トマトのザー菜あえ

✖ 材料(2人分)
トマト	1個
ザー菜	20g
白すりごま	少々

✖ 作り方
1 トマトはへたを取り、皮つきのまま、さいの目に切る。ザー菜は細かく刻む。
2 ボウルに1のトマト、ザー菜を入れてあえ、すりごまをふる。

438 kcal
塩分2.3g

かさ増しにきくらげも入れて
海鮮焼きそば

✖ 材料(2人分)
中華蒸し麺(焼きそば用)	2玉
シーフードミックス	160g
玉ねぎ	½個
にら	½束
きくらげ(乾燥)	4枚
サラダ油	小さじ2
酒	大さじ4
ウスターソース	大さじ1
塩・こしょう	各少々

✖ 作り方
1 中華麺は軽くほぐしておく。玉ねぎは7mm幅に切る。にらは2cm長さに切る。きくらげはぬるま湯でもどし、細切りにする。
2 フライパンに油を熱し、玉ねぎ、にら、きくらげ、シーフードミックス、酒を加えて炒める。火が通ったら、中華麺を加えてさらに炒める。
3 全体に油がまわったら、ウスターソースを加えてなじませる。塩、こしょうで味をととのえる。

14 kcal
塩分1.0g

ボリューム感があって低カロリー
きのこのスープ

✖ 材料(2人分)
えのきだけ	½パック
生しいたけ	2個
なめこ	½パック
水	1と½カップ
鶏ガラスープの素	小さじ1
塩・こしょう	各少々

✖ 作り方
1 えのきだけは根元を落とし、食べやすい長さに切る。しいたけは軸を取り、薄切りにする。
2 鍋に水、鶏ガラスープの素を合わせて煮立て、1のきのことなめこを加える。再び煮立ったら、塩、こしょうで味をととのえる。

20 kcal
塩分0.3g

白菜の歯ざわりがおいしいピリ辛あえ
ラーパーツァイ

✖ 材料(2人分)
白菜	1枚
赤唐辛子(輪切り)	1本分
ごま油	少々

✖ 作り方
1 白菜はざく切りにし、塩少々(分量外)をふってよくもみ、水けを絞る。
2 ボウルに1の白菜、赤唐辛子、ごま油を加えてあえ、味をなじませる。

色で選ぶ！献立お助け副菜

赤のおかず

トマトや赤パプリカなど、鮮やかな赤の食材は抗酸化力も満点。
小さな一品で食卓もパッと華やかに。

＊材料の分量はすべて2人分です。

68kcal　塩分0.5g

ナンプラーでエスニック風に
トマトとひき肉のバジル炒め

✿ 材料と作り方
1　トマト1個はへたを取り、皮つきのまま1.5cm角に切る。
2　フライパンにサラダ油小さじ1を熱し、鶏ひき肉40gを炒める。ポロポロになったら1とバジル8～10枚を加えてさらに炒め、ナンプラー適量で味をととのえる。

36kcal　塩分0.4g

ごま油をきかせて
パプリカのきんぴら

✿ 材料と作り方
1　パプリカ(赤)⅔個はへたと種を取り、薄切りにする。
2　フライパンにごま油小さじ1を熱し、1を炒める。しんなりしたら、しょうゆ・みりん各小さじ1で味をととのえる。仕上げに七味唐辛子適量をふる。

53kcal　塩分0.5g

カリカリじゃこがアクセント
プチトマトとじゃこのごま油炒め

✿ 材料と作り方
1　プチトマト10個はへたを取り、半分に切る。
2　フライパンにごま油小さじ1を熱し、じゃこ大さじ1と⅓を炒める。カリカリになったら1を加え、さらに炒める。しょうゆ適量で味をととのえる。

38kcal　塩分0.3g

すりごまで風味アップ
パプリカとツナのごまあえ

✿ 材料と作り方
1　パプリカ(赤)⅔個はへたと種を取って薄切りにし、熱湯でさっと湯通しをする。ツナ缶(ノンオイル)20gは缶汁をきる。
2　ボウルに1と白すりごま小さじ2を合わせ、しょうゆ適量で味をととのえる。

66kcal　塩分0.2g

くるみの香ばしさが味わい
紫玉ねぎとくるみのサラダ

✿ 材料と作り方
1　紫玉ねぎ½個は薄切りにして、水にさらしておく。
2　くるみ2個はフライパンでからいりし、細かく刻む。
3　1と2を合わせ、フレンチドレッシング(市販品)小さじ2であえる。

11kcal　塩分0.3g

ほんのりきれいなピンク色
ラディッシュの甘酢漬け

✿ 材料と作り方
1　ラディッシュ6個は葉を切り落として薄い輪切りにし、熱湯でさっとゆでる。ざるに取り、水けをよくきる。
2　ボウルにすし酢(市販品)小さじ2を入れ、1を漬けてしばらくおく。

part 2

いつもの定番にひと工夫!

人気おかずを
カロリーダウン

「今晩、これ食べたい!」というと、必ず名前があがる
みんな大好きなメニューほど、意外と高カロリーなもの。
おいしく、しっかりカロリーダウンできる
アレンジレシピなら、お腹いっぱい食べられます!

344kcal → 185kcal 塩分1.4g

脂身を除いて玉ねぎで甘みを!

薄切り肉で枚数をふやしてボリューム感を

しょうが焼き

✖ 材料(2人分)

豚薄切り肉	140g (脂身を除く)
A　しょうゆ・酒	各大さじ1
おろししょうが	小さじ½
玉ねぎ	½個(100g)
サラダ油	小さじ½
キャベツ	2枚(30g)
プチトマト	4個
レモン	¼個

✖ 作り方

1　豚肉の脂身は取り除き、**A**であえて、下味をつける。

2　玉ねぎは厚さ3mmほどの薄切り、つけ合わせのキャベツはせん切りに、レモンはくし形切りにし、プチトマトは洗う。

3　フライパンにサラダ油を熱し、玉ねぎをしんなりするまで炒める。フライパンの隅に寄せ、あいたスペースに豚肉を汁けをきって並べる。肉を返したら、豚肉の漬け汁をかけて、全体にからめながら焼く。

4　皿にキャベツ、プチトマト、**3**を盛りつけ、レモンを添える。

500kcalおすすめ献立

にんじんの梅煮(P135) ……… 21kcal
かぼちゃのみそ煮(P42) ……… 56kcal

442 kcal ▶ **237 kcal** 塩分2.2g

焼かずに煮込んで油の量を大幅ダウン!

人気おかずをカロリーダウン
● しょうが焼き
● 煮込みハンバーグ

たっぷり野菜と煮れば風味も栄養もアップ
煮込みハンバーグ

材料(2人分)
冷凍ハンバーグ(ソースなし)	2個(120g)
玉ねぎ	1/2個(100g)
にんにく	1かけ
にんじん	1/3本(50g)
しめじ	1/2パック(50g)
サラダ油	小さじ1
冷凍グリーンピース	大さじ2
トマトソース缶	1缶(300g)
塩・こしょう	各少々

作り方

1 玉ねぎは1cm幅のくし形切り、にんにくはみじん切り、にんじんは一口大の乱切りにする。しめじは石づきを切り落としてほぐす。

2 フライパンにサラダ油を熱し、玉ねぎとにんにくを炒める。玉ねぎが透き通ってきたら、にんじん、しめじを加えて軽く炒め、冷凍ハンバーグ、冷凍グリーンピース、トマトソース缶を加えて煮込む。

3 にんじんが柔らかくなったら、塩、こしょうで味をととのえる。

500kcalおすすめ献立
カリフラワーのオーロラあえ(P143) ……… 78kcal
小松菜のナンプラー炒め(P70) ……… 27kcal

337kcal → **188kcal** 塩分0.8g

肉を減らして食感のある玉ねぎでかさ増し!

玉ねぎの甘みでコクを出せば大満足

とんカツ

✻ 材料(2人分)
豚もも薄切り肉	140g(脂身を除く)
塩・こしょう	各少々
玉ねぎ	½個(100g)
キャベツ	2枚(30g)
レモン	¼個
プチトマト	4個
小麦粉・卵・パン粉	各適量
揚げ油	適量
とんカツソース	適量

✻ 作り方

1 豚肉は脂身を除き、片面に塩、こしょうをふる。玉ねぎは薄めのくし形切り、キャベツはせん切り、レモンはくし形切りにする。

2 玉ねぎを耐熱皿に並べ、電子レンジで2分ほど加熱する。

3 豚肉で**2**を巻き、小麦粉、卵、パン粉の順でころもをつける。フライパンで揚げ油を170℃に熱し、きつね色に揚げる。

4 皿に**3**とキャベツ、レモン、プチトマトを盛りつけ、好みでとんカツソースをかける。

500kcalおすすめ献立

黄パプリカとちくわの煮もの(P42) …… 34kcal
ラディッシュの甘酢漬け(P24) …… 11kcal

187kcal → 170kcal 塩分1.6g

胸肉を使い、時短揚げで油の吸収をカット

人気おかずをカロリーダウン
- とんかつ
- 鶏のから揚げ

電子レンジ加熱で揚げ時間を短縮！
鶏のから揚げ

材料(2人分)
鶏胸肉(皮なし)		1枚(120g)
A	しょうゆ	大さじ1
	酒	大さじ1
	練り辛子	小さじ1
小麦粉		小さじ2
キャベツ		2枚(30g)
レモン		1/4個
にんじん		1/3本(50g)
揚げ油		適量

作り方
1 鶏肉は脂身を除いて一口大に切り、Aで下味をつけて小麦粉をまぶす。
2 キャベツはざく切り、レモンはくし形切り、にんじんは細い棒状に切る。
3 1を耐熱皿に並べて、電子レンジで1分半ほど加熱し、中まで火を通す。
4 フライパンに揚げ油を3cmほど入れ、180℃に熱して3をさっと揚げる。表面がこんがりすればOK。
5 皿に4、キャベツ、レモン、にんじんを盛りつける。

500kcalおすすめ献立

オニオンスライスの卵あえ(P129)……71kcal
プチトマトとじゃこのごま油炒め(P24)……53kcal

魚の切り身は脂肪分の少ない背側を選んで
ぶりの照り焼き

材料(2人分)
ぶり	2切れ(160g)
塩	適量
A しょうゆ・みりん・酒	各大さじ1
A 砂糖	大さじ½
キャベツ	2枚(30g)
きゅうり	6cm
パプリカ(赤)	少々
ゆかり	小さじ1弱

作り方
1 ぶりに塩をふって10分ほどおき、魚焼きグリルで両面を焼く。
2 **A**を小鍋に合わせ、軽く煮つめる。
3 ぶりを**2**に入れ、途中、表裏を返しながら、こがさないよう煮つめる。
4 キャベツは一口大、きゅうりは輪切り、パプリカは薄切りにする。ボウルに合わせて塩をふり、10分ほどおいて水けを絞り、ゆかりであえる。
5 **3**と**4**を皿に盛りつける。

カロリーダウンのコツ
魚焼きグリルで調理すると、魚の脂を落とすことが可能。これだけで10〜30%のカロリーダウンに。ぶりのように脂が多い魚ほど効果的です。

500kcalおすすめ献立
はんぺんと三つ葉のあえもの(P133) ……… 22kcal
里いものごまよごし(P126) ……… 46kcal

285kcal → **216kcal** 塩分2.6g
魚焼きグリルで焼いて脂を落とす!

玉ねぎでコクと食べごたえをプラスして
さばのみそ煮

材料(2人分)
さば切り身	150g(半身)
玉ねぎ	½個(100g)
しょうが	½かけ
A 酒・砂糖・しょうゆ・みりん	各大さじ1
A 水	½カップ
みそ	大さじ1と½
小松菜	2株(30g)
しょうが(飾り用)	少々

作り方
1 さばの切り身は半分の長さに切る。玉ねぎは厚さ3mmほどの薄切りにし、しょうがは皮をむいてせん切りにする。
2 小松菜は洗ってラップをし、電子レンジで40秒ほど加熱する。流水で冷まして水けを絞り、食べやすい長さに切る。
3 鍋に**A**を合わせて混ぜ、玉ねぎ、しょうがを加えて火にかける。煮立ったらさばを加え、落としぶたをして中火で10分ほど煮る。
4 みそを煮汁で溶きのばして加える。皿に盛り、**2**とせん切りにしたしょうがを添える。

500kcalおすすめ献立
春菊ののり巻き(P70) ……… 19kcal
にんじんの梅煮(P135) ……… 21kcal

380kcal → **268kcal** 塩分2.7g
甘みのある玉ねぎでかさ増し!

271kcal → 209kcal 塩分2.8g
油で炒めずに煮るだけ!

人気おかずをカロリーダウン
● ぶりの照り焼き ● さばのみそ煮 ● 肉じゃが ● 筑前煮

肉じゃが
油っこさがないやさしい味

材料(2人分)
豚薄切り肉	80g(脂身を除く)
じゃがいも	1個(100g)
玉ねぎ	¾個(150g)
にんじん	⅓本(50g)
しらたき	40g
昆布	約15cm
水	½カップ
A 砂糖	小さじ1
酒	¼カップ
しょうゆ	大さじ2
みりん	大さじ1

作り方
1　豚肉は脂身を除いて3等分に切る。
2　昆布ははさみで1cm角に切り、鍋に入れて分量の水に浸す。
3　じゃがいもは4等分に、玉ねぎは1cm幅の薄切りに、にんじんは5mm厚さの半月切りにする。しらたきは食べやすい長さに切る。
4　3を2の鍋に入れて火にかけ、煮立ったらAを加える。豚肉を入れ、にんじんなどが柔らかくなるまで煮る。

500kcalおすすめ献立
つるむらさきのごまあえ(P129) …… 82kcal
黄パプリカのおかかあえ(P42) …… 17kcal

235kcal → 205kcal 塩分2.2g
油で炒めずに煮てカロリーダウン

筑前煮
鶏肉は脂肪の少ない胸肉で

材料(2人分)
鶏胸肉(皮なし)	1枚(120g)
塩	少々
昆布	約15cm
水	½カップ
こんにゃく	¼枚(60g)
ごぼう	¼本(50g)
にんじん	⅓本(50g)
れんこん	40g
里いも	2個(40g)
A 砂糖	小さじ2
酒	¼カップ
しょうゆ	大さじ2
みりん	大さじ1
片栗粉	小さじ2
枝豆(冷凍)	少々

作り方
1　鶏肉は一口大のそぎ切りにし、塩をふってもむ。
2　昆布ははさみで1cm角に切り、鍋に入れて分量の水に浸す。
3　こんにゃくは手で一口大にちぎる。ごぼうは皮をこそげて3cm長さに、にんじんは2cm厚さの半月切りに、れんこんは2cm厚さのいちょう切りにする。里いもは皮をむく。
4　2に3を入れて火にかけ、煮立ったらAを加える。1の鶏肉に片栗粉をまぶして鍋に加え、再び煮立ったら弱火にして、野菜が柔らかくなるまで煮る。
5　仕上げに枝豆を散らし、しばらくおいて味を含ませる。

500kcalおすすめ献立
焼きしいたけとささみの梅肉あえ(P134) …… 65kcal
パプリカのきんぴら(P24) …… 36kcal

甘さ控えめ。多めのしょうがで体も温まる
ぶり大根

421 kcal → **339 kcal** 塩分1.4g

砂糖を控えてみりんで甘みを

✖ 材料（2人分）
大根	10cm(300g)
ぶり	180g
長ねぎ	½本(50g)
A 酒・砂糖・しょうゆ	各大さじ1
みりん	大さじ1と½
水	¼カップ
しょうが	2かけ

✖ 作り方
1. 大根は皮をむき、2cm厚さの半月切りにする。鍋に入れ、ひたひたの米のとぎ汁（分量外、なければ水）を加えて、やや堅めにゆでる。
2. ぶりは一口大に切り、熱湯を回しかけた後、水で洗う。長ねぎは4cm長さに切る。
3. 別の鍋にA、薄切りにしたしょうが、ぶりを並べて強火にかける。煮立ったら火を弱め、1、長ねぎを加えて、落としぶたをして15分ほど煮る。
4. 火を止めてそのままおき、味をしみ込ませる。

カロリーダウンのコツ
煮ものでみりんを多めに使うと、さっぱりとした甘みになり、照りもしっかり。ぶり大根ではしょうがを多めに使って、味を引き締めましょう。

500kcalおすすめ献立
ピーマンの焼きびたし(P70)	9kcal
ラディッシュの甘酢漬け(P24)	11kcal

トースターで焼いて油分もカット！
餃子

298 kcal → **114 kcal** 塩分2.2g

薄いシュウマイの皮を使って

✖ 材料（2人分）
キャベツ	4枚(60g)
にら	20g
豚ひき肉	40g
A みそ	小さじ½
砂糖・こしょう	各少々
シュウマイの皮	10枚
ポン酢じょうゆ	適量

✖ 作り方
1. キャベツ、にらはみじん切りにする。
2. ボウルにひき肉を入れて粘りが出るまで練り、1とAを加えてさらによく練る。
3. シュウマイの皮に2の⅒量をのせ、皮の縁に水をつけて三角形に折って包む。残りも同様に作る。
4. 天板に3を並べ、オーブントースターで3分、アルミホイルをかけてさらに5分焼く。皿に盛り、ポン酢じょうゆを添える。

カロリーダウンのコツ
餃子の皮の原料は小麦粉。1枚あたり約20kcalあり、餃子5個分の皮だけで約100kcalに。より薄いシュウマイの皮で上手にカロリーダウンを。

500kcalおすすめ献立
かぼちゃのみそ煮(P42)	56kcal
菜の花とハムのソテー(P70)	84kcal

265kcal → 179kcal 塩分2.8g
麻婆豆腐の素を半量だけに

人気おかずをカロリーダウン
● ぶり大根 ● 麻婆豆腐 ● 餃子 ● チンジャオロースー

ひき肉より脂肪分の少ない薄切り肉で
麻婆豆腐

✻ 材料(2人分)
豚薄切り肉	50g(脂身を除く)
木綿豆腐	½丁(150g)
長ねぎ	1本(100g)
玉ねぎ	½個(100g)
万能ねぎ	少々
麻婆豆腐の素(市販品)	50g(標準量の半分)
しょうゆ	大さじ1
塩・こしょう・豆板醤	各少々
粉山椒	少々

✻ 作り方
1 豚肉は脂身を除き、細切りにする。豆腐は1.5cm角に切る。長ねぎ、玉ねぎはみじん切りに、万能ねぎは小口切りにする。
2 フライパンに油をひかずに豚肉を入れて炒め、火が通ったら麻婆豆腐の素、長ねぎ、玉ねぎを加えて煮る。
3 水けが出たら、豆腐を加えて静かに混ぜる。しょうゆを加え、塩、こしょう、豆板醤で味をととのえる。器に盛り、粉山椒をふって万能ねぎを散らす。

500kcalおすすめ献立
まいたけと油揚げの煮もの(P135) ……… 39kcal
れんこんサラダ(P137) ……… 73kcal

224kcal → 175kcal 塩分2.5g
肉を減らして野菜を増量

野菜多めで彩りも鮮やか!
チンジャオロースー

✻ 材料(2人分)
豚薄切り肉	100g(脂身を除く)
片栗粉	小さじ1
にんにく・しょうが	各1かけ
ピーマン・赤ピーマン	各2個(各40g)
豆もやし	80g
たけのこ(水煮)	80g
ごま油	小さじ1
チンジャオロースーの素(市販品)	50g(標準量の半分)
A オイスターソース・しょうゆ	各小さじ2
塩・こしょう	各少々

✻ 作り方
1 豚肉は脂身を除いて細切りにし、片栗粉をまぶす。にんにく、しょうがはみじん切りにする。
2 ピーマン、赤ピーマン、たけのこは細切りにする。もやしは洗って水けをきる。
3 フライパンにごま油を熱し、にんにく、しょうがを炒める。香りが出たら2を加えて炒め、半分ほど火を通して一度取り出す。
4 3のフライパンで豚肉を炒め、チンジャオロースーの素を加えて肉にからめる。3を戻し入れ、Aを加えてからめ、塩、こしょうで調味する。

500kcalおすすめ献立
ひじきのポン酢あえ(P129) ……… 85kcal
ほうれん草と炒り卵のあえもの(P104) ……… 50kcal

550kcal → 346kcal 塩分2.6g

牛肉は赤身を選んで。厚揚げでかさ増しを!

豆腐は厚揚げにかえてボリュームアップ!
すき焼き

❋材料(2人分)
牛もも薄切り肉(赤身)	100g
A はちみつ	小さじ2
A しょうゆ	小さじ1
厚揚げ	½枚(110g)
しらたき	½袋(100g)
にんじん	⅓本(50g)
長ねぎ	1本(100g)
生しいたけ	2個(20g)
えのきだけ	½パック(50g)
春菊	¼わ(60g)
サラダ油	小さじ1
しょうが	1かけ
酒	大さじ1
割りした(市販品)	½カップ

❋作り方
1 牛もも肉は5cm長さに切り、Aをからめておく。
2 厚揚げは熱湯をかけ、縦半分にして2～3cm幅に切る。しらたきは食べやすく切る。にんじんは1cm幅の短冊切り、長ねぎは2cm幅の斜め切りにする。しいたけは軸を取って半分に切り、えのきだけは根元を落としてほぐす。春菊は葉と茎に分けて、茎は4等分にする。
3 鍋に油を熱し、せん切りにしたしょうがを入れる。1を広げて入れ、両面を軽く焼いて取り出す。
4 3の鍋に長ねぎ、にんじん、しいたけ、春菊の茎を加え、酒を入れて蒸し煮にする。
5 しんなりしたら割りしたを入れ、えのきだけ、しらたき、厚揚げを加えてさらに煮る。
6 取り出した牛肉と春菊の葉を加え、沸騰したら火を止める。

500kcalおすすめ献立
ピーマンの焼きびたし(P70) …… 9kcal
ラディッシュの甘酢漬け(P24) …… 11kcal

303kcal → **146 kcal** 塩分1.7g

野菜を軸にして肉を半分に!

人気おかずをカロリーダウン

● すき焼き　● ロールキャベツ

かさ出しの野菜で食物繊維も満点に!

ロールキャベツ

✻ 材料(2人分)

キャベツ	4枚(60g)
玉ねぎ	⅛個(25g)
しめじ	½パック(50g)
にんじん	⅓本(50g)
かぶ	½個(50g)
グリーンアスパラガス	大2本
豚ひき肉	80g
塩・こしょう	各少々
固形スープの素	½個
A ホールトマト缶(つぶす)	¼缶(100g)
ローリエ	1枚
トマトケチャップ	大さじ1
塩・こしょう	各少々

✻ 作り方

1 キャベツは熱湯でゆでる。玉ねぎはみじん切りにし、電子レンジで2分加熱して冷ます。しめじは石づきを落としてほぐす。

2 にんじん、かぶは5cm長さの棒状に、アスパラガスは半分に切る。それぞれ下ゆでする。

3 ボウルにひき肉を入れ、玉ねぎを加えて塩、こしょうをふってよく混ぜ合わせて4等分する。

4 キャベツの軸を包丁でそいで広げ、手前に**3**を置き、**2**の野菜を軸になるよう中央にのせる。くるくる巻いて俵形にし、これを4個作る。

5 鍋に**4**を並べ入れ、すき間にしめじを置く。固形スープの素を水1カップ(分量外)で煮溶かして加える。

6 **5**に**A**を加え、強火にかける。ひと煮立ちしたらふたをし、弱火で30分ほど煮込む。

500kcalおすすめ献立

れんこんとかぼちゃのサラダ(P139) …… 75kcal
コーンのチーズ焼き(P92) …… 87kcal

705kcal → 486kcal 塩分3.3g

市販のルウを使わずに!

鶏肉は皮を除くのがカロリーカットの鉄則
野菜カレー

✳ 材料(2人分)

鶏胸肉	120g(皮を除く)
じゃがいも	⅓個(30g)
なす	1個(120g)
玉ねぎ	½個(100g)
ズッキーニ	¼本(50g)
トマト	½個(100g)
サラダ油	小さじ1
おろしにんにく・おろししょうが	各少々
小麦粉	大さじ2
カレー粉	大さじ1
A 水	¾カップ
固形スープの素	½個
B トマトケチャップ	大さじ1
ウスターソース	大さじ1
しょうゆ	大さじ1
こしょう	少々
塩	少々
ご飯	茶碗2杯(300g)
らっきょう、刻みパセリ(好みで)	適量

✳ 作り方

1 鶏肉は皮を除き、一口大に切る。野菜はすべて、約1.5cm角に切りそろえる。
2 鍋に油とおろしにんにく、おろししょうが、鶏肉を入れ、表面を焼きつける。
3 **1**の野菜をすべて加え、小麦粉、カレー粉を加えて炒める。
4 **A**を加え、アクを取ったら**B**を加えて弱火で煮込み、塩で味をととのえる。
5 ご飯を器に盛り、**4**をかける。好みでらっきょう、パセリを添える。

500kcalおすすめ献立

ラディッシュの甘酢漬け(P24) ……… 11kcal
アスパラのなめたけあえ(P104) ……… 13kcal

585 kcal ➡ **409 kcal** 塩分0.8g

野菜をゆでて煮込むのがコツ

人気おかずをカロリーダウン
● 野菜カレー
● スパゲティミートソース

市販のソース缶も香味野菜で手作り風味に
スパゲティミートソース

❋ 材料（2人分）

玉ねぎ	½個(100g)
にんじん	⅓本(50g)
にんにく	1かけ
ミートソース缶（市販品）	1缶(300g)
塩・こしょう	各少々
スパゲティ（乾燥）	120g
バター	小さじ1
粉チーズ	小さじ1
刻みパセリ	適量

❋ 作り方

1　玉ねぎ、にんじん、にんにくは、それぞれみじん切りにする。

2　フライパンに水½カップ（分量外）と玉ねぎ、にんじんを入れて炒めるようにゆでる。

3　2にミートソース缶、にんにくを加えて煮る。水分が減ってきたら、塩、こしょうで味をととのえる。

4　鍋にたっぷりの湯を沸かし、塩大さじ1（分量外）を入れ、スパゲティを表示時間ゆでる。ざるに上げて湯をきったら、バターをからめて皿に盛る。

5　4に3をかけ、粉チーズをふってパセリを散らす。

カロリーダウンのコツ

市販のミートソースを使う場合、野菜をたっぷり加えてかさ増しをして、ソースの量を控えることがコツ。炭水化物のスパゲティは、乾燥で約60g、200kcal台を目安にしましょう。

500kcalおすすめ献立

れんこんとかぼちゃのサラダ（P139）……… 75kcal
小松菜のナンプラー炒め（P70）……… 27kcal

炒めパン粉で揚げなくてもいつもの食感!
コロッケ

✖ 材料(2人分)
じゃがいも	2個(200g)
玉ねぎ	½個(100g)
合いびき肉	60g
サラダ油	小さじ1
パン粉	⅓カップ
バター	小さじ1
牛乳	大さじ2
塩	小さじ1
こしょう	少々
ベビーリーフ	適量

✖ 作り方
1. じゃがいもは1cm厚さに薄く切り、竹串が通るまで柔らかくゆでる。玉ねぎはみじん切りにする。
2. フライパンに油を入れ、パン粉をきつね色になるまで炒めて取り出す。
3. 2のフライパンをさっとふき、バターを入れてひき肉と玉ねぎを炒める。
4. 1のじゃがいもをつぶし、3と牛乳、塩、こしょうを入れて混ぜ、4等分にして小判形にする。
5. 4に2のパン粉をつけ、オーブントースターで6分ほど焼く。皿にベビーリーフとともに盛る。

420kcal → 237kcal 塩分2.2g
揚げずにトースターでカリッと!

500kcalおすすめ献立
しいたけのチーズソテー(P143)	29kcal	
パプリカとツナのごまあえ(P24)	38kcal	

まいたけでかさを出してマカロニも半量に!
ホワイトグラタン

✖ 材料(2人分)
マカロニ(乾燥)	80g
まいたけ	⅔パック(80g)
長いも	400g
A 溶き卵	1個分
だし汁	¾カップ
しょうゆ	大さじ1と½
ピザ用チーズ	10g
刻みパセリ	適量

✖ 作り方
1. マカロニは塩適量(分量外)を加えた熱湯で、表示時間ゆでる。まいたけもさっと熱湯でゆでる。
2. 長いもはすりおろし、Aと混ぜ合わせてソースを作る。
3. 耐熱皿に1を入れ、チーズをまぶす。上に2のソースをかける。
4. 3をオーブントースターで15分ほど焼き、パセリを散らす。

447kcal → 360kcal 塩分2.0g
ソースを使わず長いもでコクを!

カロリーダウンのコツ
ホワイトソースをすりおろした長いもでアレンジ。チーズで焼き目もついて、いい香りに。低脂肪のスキムミルクでソースを手作りしても。

500kcalおすすめ献立
小松菜のナンプラー炒め(P70)	27kcal	
ラディッシュの甘酢漬け(P24)	11kcal	

349kcal → **225kcal** 塩分2.4g
脂身を除き、炒めず煮込む！

人気おかずをカロリーダウン
- コロッケ
- ホワイトグラタン
- ビーフシチュー
- クリームシチュー

市販のデミグラスソース缶も少量でOK！
ビーフシチュー

材料(2人分)
牛薄切り肉	100g(脂身を除く)
エリンギ	1本(40g)
マッシュルーム缶	20g
にんじん	½本(75g)
玉ねぎ	1個(200g)
カットトマト缶	¼缶(100g)
水	¼カップ
ローリエ	1枚
デミグラスソース缶(市販品)	¼缶(80g)
固形スープの素	1個
塩・こしょう	各少々
刻みパセリ(好みで)	適量

作り方
1 牛肉は脂身を除き、食べやすく切る。エリンギに縦半分に切り、一口大に切る。マッシュルームは缶汁を捨て、水けをきる。
2 にんじんは乱切りに、玉ねぎは半分に切って3等分のくし形切りにする。
3 鍋に2とカットトマト缶、分量の水、ローリエを入れ、弱火で煮る。にんじんが柔らかくなったらデミグラスソース缶、1、固形スープの素を入れて、さらに煮る。
4 水分が減ってきたら塩、こしょうで味をととのえる。皿に盛り、パセリを散らす。

500kcalおすすめ献立
れんこんサラダ(P137) ……… 73kcal
アスパラのなめたけあえ(P104) ……… 13kcal

378kcal → **240kcal** 塩分2.1g
スキムミルクでルウを手作り

油脂の少ないルウで野菜たっぷりに
クリームシチュー

材料(2人分)
鶏胸肉(皮なし)	100g
玉ねぎ	½個(100g)
にんじん	⅓本(50g)
生しいたけ	4個(40g)
しめじ	½パック(50g)
じゃがいも	½個(50g)
ブロッコリー	⅙株(50g)
A 水	1と½カップ
A ローリエ	1枚
A 固形スープの素	1個
バター	小さじ2
小麦粉	大さじ3
スキムミルク	大さじ4
水	½カップ
塩・こしょう	各適量
粗びき黒こしょう	少々

作り方
1 鶏肉、玉ねぎ、にんじん、しいたけ、しめじ、じゃがいもは、それぞれ食べやすい大きさに切り、じゃがいもは水に浸す。ブロッコリーは小房に分け、堅めに下ゆでする。
2 鍋にAとブロッコリー以外の野菜を入れて火にかけ、沸騰したら鶏肉を入れて、アクを取りながら煮込む。
3 バターと小麦粉をボウルでよく練り合わせ、2に加えてとろみをつける。
4 分量の水で溶いたスキムミルクを3に加えて混ぜ、なじんだらブロッコリーを加える。塩、こしょうで味をととのえて、粗びき黒こしょうをふる。

500kcalおすすめ献立
パプリカのコンビーフあえ(P143) ……… 32kcal
ヤングコーンのソース炒め(P92) ……… 34kcal

具の野菜でかさを増して!
チャーハン

✿ 材料（2人分）
キャベツ	4枚(60g)
にんじん	2cm(20g)
生しいたけ	2個(20g)
長ねぎ	4cm(20g)
ハム	2枚
サラダ油	小さじ1と½
卵	1個
中華だし(粉末)	小さじ½
塩・こしょう	各少々
しょうゆ	小さじ2
ご飯	茶碗2杯(300g)

✿ 作り方
1 キャベツは1cm角に切り、にんじん、しいたけ、長ねぎ、ハムは粗みじん切りにする。
2 フライパンにサラダ油小さじ½を熱し、中火で炒り卵を作って皿に取る。
3 再びフライパンにサラダ油小さじ1を中火で熱し、キャベツ、しいたけ、にんじん、長ねぎ、ハムの順に加え、油がまわったら中華だしを加える。最後に塩、こしょうをふり、しょうゆを回し入れてさっと混ぜる。
4 ボウルに温かいご飯を入れ、**2**と**3**を混ぜてでき上がり。

600kcal → 435kcal 塩分1.8g
ご飯は炒めず具と混ぜて

500kcalおすすめ献立
- 黄パプリカのおかかあえ(P42) …… 17kcal
- きくらげのごま油炒め(P126) …… 32kcal

麺を半量にして野菜をたっぷりと!
ラーメン

✿ 材料（2人分）
きくらげ(乾燥)	5枚
玉ねぎ	½個(100g)
にんじん	⅓本(50g)
キャベツ	4枚(60g)
にら	½わ(50g)
もやし	1袋(200g)
ラーメンスープの素	2袋
中華麺	1玉
ゆで卵	1個

✿ 作り方
1 きくらげは水でもどし、半分に切る。玉ねぎ、にんじん、キャベツは5mm幅に切る。にらは3cm長さに切り、もやしは洗ってざるに上げる。
2 玉ねぎ、にんじん、キャベツを鍋に入れ、ふたをして蒸す。しんなりしたらもやし、きくらげ、ラーメンスープの素を入れ、水1と½カップ（分量外）を加え、沸騰したら、にらを加える。
3 別の鍋で中華麺をゆでて器に盛り、**2**をかけて、半分に切ったゆで卵をのせる。

カロリーダウンのコツ
ラーメンは具に野菜をたっぷりと使ったタンメンに。そのぶん中華麺を減らすとぐんとカロリーダウン。スープを残せば、さらに低カロリーに。

505kcal → 357kcal 塩分7.6g
野菜を蒸して油分カット

500kcalおすすめ献立
- そら豆のごましょうゆ漬け(P104) …… 84kcal
- はんぺんの青のりあえ(P144) …… 52kcal

654kcal → 484kcal 塩分2.2g

レンジ加熱で炒め油を大幅減!

人気おかずをカロリーダウン
●チャーハン ●オムライス ●ラーメン ●焼きそば

下ごしらえで油分を大幅にダウン!
オムライス

❋ 材料(2人分)

鶏胸肉(皮なし)	80g
しめじ	½パック(50g)
ミックスベジタブル	80g
酒	¼カップ
A トマトケチャップ	大さじ2
塩・こしょう	各少々
B 塩	少々
トマトケチャップ	適量
ご飯	茶碗2杯(300g)
卵	2個
C 牛乳	大さじ2
塩・こしょう	各少々
サラダ油	少々
バター	小さじ1
水	大さじ4

❋ 作り方

1 鶏肉は約1cm角に切る。しめじは粗みじん切りにする。

2 耐熱容器に1、ミックスベジタブル、酒を入れて電子レンジで3～4分加熱する。柔らかくなったらAを入れて混ぜる。

3 2を具と汁に分け、具に温かいご飯に混ぜる。汁はBを加えて煮つめ、ソースを作る。

4 ボウルに卵を割りほぐし、Cを加えて軽く混ぜ合わせる。

5 熱したフライパンに油を入れ、菜箸でペーパータオルをはさんで塗り広げる。バターを入れ、溶けたら水と4の卵液を入れ、全体に広げて半熟に仕上げる。

6 皿に3のご飯をのせて形を整え、半熟卵をのせて3のソースをかける。

500kcalおすすめ献立

パプリカのきんぴら(P24) ……… 36kcal
小松菜のナンプラー炒め(P70) ……… 27kcal

540kcal → 332kcal 塩分3.1g

レンジ加熱の下ごしらえがコツ

麺は半分でも野菜で大満足のボリューム
焼きそば

❋ 材料(2人分)

キャベツ	4枚(60g)
にんじん	⅕本(30g)
ピーマン	1個(20g)
生しいたけ	2個(20g)
もやし	1袋(200g)
豚もも薄切り肉	100g
中華蒸し麺(焼きそば用)	1玉
サラダ油	小さじ2
塩・こしょう	各少々
中華だし(粉末)	小さじ½
ウスターソース	大さじ2と½
こしょう	少々
青のり	少々
紅しょうが	適量

❋ 作り方

1 キャベツはざく切り、にんじんとピーマンは5mm幅の細切り、しいたけは薄切りにする。もやしは洗って水をきる。豚肉は一口大に切り、軽く塩、こしょうする。

2 1の野菜をラップで包み、電子レンジで2分ほど加熱して水けをきる。中華麺も電子レンジで30秒ほど加熱してほぐす。

3 フライパンにサラダ油を熱して豚肉を炒め、2の野菜、中華だしを加えて全体を混ぜ、中華麺を加える。全体を混ぜたらウスターソースを回しかけ、さらに炒める。こしょうで味をととのえ、水けが飛んだら青のりをふり、紅しょうがを添える。

500kcalおすすめ献立

エリンギの辛味みそがけ(P133) ……… 83kcal
野菜ピカタ(P136) ……… 87kcal

色で選ぶ！献立お助け副菜

黄のおかず その1

見るからに元気が出る黄色の食材。
黄パプリカ、かぼちゃ、コーンなど、素材の甘みを生かして低カロリーに！

*材料の分量はすべて2人分です。

34kcal　塩分0.7g

ちくわのうまみでうす味に
黄パプリカとちくわの煮もの

材料と作り方
1　パプリカ(黄)⅔個はへたと種を取り、小さめの乱切りにする。焼きちくわ1本を小さめの乱切りにする。
2　鍋に1とだし汁½カップとしょうゆ・みりん各小さじ1を入れて火にかけ、煮汁が少なくなるまで煮る。

17kcal　塩分0.5g

シャキシャキ食感もいい
黄パプリカのおかかあえ

材料と作り方
1　パプリカ(黄)⅔個はへたと種を取り、薄切りにして熱湯でさっとゆでる。
2　ボウルに1を入れ、だし汁小さじ2としょうゆ小さじ1、削り節適量を加えてあえる。

97kcal　塩分0.6g

定番のひじきの煮ものを活用
ひじき煮入り卵焼き

材料と作り方
1　ボウルに卵2個を割りほぐし、だし汁小さじ1としょうゆ・みりん各小さじ½を混ぜる。さらに、ひじき煮(市販品)20gを加えて混ぜ合わせる。
2　卵焼き器にサラダ油適量を熱し、1の⅓量を流し込み、手前から向こう側に巻く。これを2回くり返して卵焼きを作る。粗熱が取れたら切り分ける。

58kcal　塩分0.6g

常備食材でパッと作れる
コーンとさけフレークのあえもの

材料と作り方
1　ホールコーン缶60gは缶汁をきっておく。
2　フライパンにバター小さじ1を熱し、1を入れて炒める。さけフレーク20gと万能ねぎの小口切り適量を加えて全体にあえる。

56kcal　塩分0.4g

甘辛味でご飯に合う
かぼちゃのみそ煮

材料と作り方
1　かぼちゃ100gは種とワタを取り、皮をところどころむいて、一口大に切る。
2　鍋に1とひたひたのだし汁1と½カップを入れて煮る。かぼちゃが柔らかくなったら、みそ・みりん各小さじ1を加えて煮含める。

64kcal　塩分0.5g

シンプルに塩味で
油揚げとねぎの塩きんぴら

材料と作り方
1　油揚げ⅔枚に熱湯を回しかけて油ぬきをし、短冊切りにする。長ねぎ½本を斜め切りにする。
2　フライパンにごま油小さじ1を熱し、1を加えて炒め合わせる。塩適量で味をととのえる。

part3

心おきなく食べたい！
肉の低カロリー
メインおかず

カロリーは気になるけれど、やっぱり食べたい肉料理！
脂身を取り除いたり、赤身肉を選ぶことを基本に
野菜を増やして、上手に肉の量をコントロールして。
栄養バランスもぐんとよくなって一挙両得ですよ！

195 kcal
塩分0.7g

かさ増しの大根も味がしみておいしい!

ステーキ

❋材料(2人分)

牛ヒレ肉	120g
塩・こしょう	各適量
大根	3cm(90g)
パプリカ(赤)	¼個(40g)
ブロッコリー	⅕株(50g)
サラダ油	小さじ1
バルサミコ酢	大さじ2

❋作り方

1 牛肉は4枚に切り、塩、こしょうをふる。

2 大根は肉の大きさに合わせて輪切りにし、串がすっと通る堅さになるまで下ゆでする。

3 パプリカは大きめの角切りにし、ブロッコリーは小房に分けてゆでる。

4 フライパンに油を熱し、1の肉を強火で焼きつけて取り出す。続けて大根に塩、こしょうをふり、焼いて取り出す。パプリカもさっと焼いて取り出す。

5 4のフライパンにバルサミコ酢を入れ、半量になるまで煮つめる。

6 皿に肉→大根→肉の順に重ねて盛りつけ、パプリカ、ブロッコリーを飾り、5をかける。

500kcalおすすめ献立

パプリカのきんぴら(P24) ……………… 36kcal
カリフラワーのオーロラあえ(P143) ………… 78kcal

500kcalおすすめ献立	
白菜のレモン漬け(P144)	19kcal
しいたけのチーズソテー(P143)	29kcal

トマトの水分でソースもヘルシーに
牛肉のトマトチリソース

❋ 材料(2人分)

牛もも薄切り肉	160g
トマト	2個(400g)
玉ねぎ	½個(100g)
塩・こしょう	各少々
A トマトケチャップ	大さじ2
A チリソース	大さじ1
A オイスターソース	小さじ1
A ガーリックパウダー・チリパウダー	各少々
サニーレタス	適量

❋ 作り方

1 牛肉は5cm長さに切る。トマトは2cm角のざく切り、玉ねぎはみじん切りにする。サニーレタスは大きめに手でちぎる。
2 フライパンにトマト、玉ねぎを入れてから火にかけ、塩、こしょうをふり、混ぜながら煮る。
3 トマトが煮くずれ、全体に火が通ったら、**A**を入れる。
4 **3**の上に牛肉を広げながら入れ、肉の色が変わったら全体を混ぜる。
5 皿にサニーレタスを敷き、上に**4**を盛りつける。

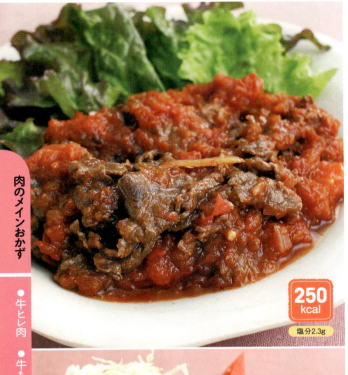

250kcal 塩分2.3g

肉のメインおかず

● 牛ヒレ肉
● 牛もも薄切り肉

からいりしたパン粉でサクサク!
牛肉ノンフライカツレツ

❋ 材料(2人分)

牛もも薄切り肉	140g
塩	小さじ¼
マスタード	小さじ2
パン粉	適量
A 小麦粉	大さじ1と½
A 牛乳	大さじ½
A 卵	½個分
キャベツ	2枚(80g)
トマト	⅓個(50g)
イタリアンパセリ	適量

❋ 作り方

1 牛肉は厚めのものはたたいて薄くし、塩をふってマスタードを塗る。
2 パン粉はフライパンできつね色になるまでからいりする。
3 **A**を混ぜ、**1**の肉をくぐらせて**2**のパン粉をまぶす。
4 オーブントースターで4〜5分焼き、カリッと焼けたら食べやすい大きさに切る。
5 皿にせん切りにしたキャベツ、くし形切りにしたトマト、イタリアンパセリを盛り、**4**を盛りつける。

215kcal 塩分0.9g

500kcalおすすめ献立	
れんこんとかぼちゃのサラダ(P139)	75kcal
ブロッコリーの塩昆布あえ(P104)	21kcal

肉のうまみをまいたけに吸わせるのがコツ
牛肉とまいたけの焼き肉のたれ炒め

✺ 材料（2人分）
牛もも薄切り肉	100g
まいたけ	½パック
塩・こしょう	各少々
サラダ油	小さじ2
焼き肉のたれ（市販品）	大さじ1

✺ 作り方
1. まいたけは石づきを取ってほぐす。牛肉は一口大に切り、塩、こしょうをふる。
2. フライパンに油を熱し、牛肉、まいたけを炒める。
3. 肉の色が変わったら、焼き肉のたれで調味する。

500kcalおすすめ献立
- じゃがいもまんじゅう（P135） …… 80kcal
- れんこんときゅうりのサラダ（P141） …… 73kcal

154 kcal　塩分0.7g

3色のピーマンで彩りも鮮やか
牛肉とパプリカの炒めもの

✺ 材料（2人分）
牛もも薄切り肉	100g
ピーマン	1個（20g）
パプリカ（赤・黄）	各⅓個（50g）
しょうがの絞り汁	小さじ1
溶き卵	½個分
片栗粉	大さじ1
サラダ油	小さじ2
焼き肉のたれ（市販品）	大さじ2

✺ 作り方
1. ピーマンとパプリカは種を取って、縦に細切りにする。
2. 牛肉は細切りにして、しょうがの絞り汁をかけ、溶き卵と片栗粉をもむように混ぜる。
3. フライパンに油を熱し、2を炒める。
4. さらに1を加え、さっと炒めて、焼き肉のたれで調味する。

500kcalおすすめ献立
- なすの炒め煮（P126） …… 36kcal
- 大根と帆立のマヨあえ（P144） …… 44kcal

220 kcal　塩分1.5g

香味野菜と唐辛子でシンプルに
牛肉のにんにくしょうが焼き

材料(2人分)

牛もも薄切り肉	150g
長ねぎ	⅓本(30g)
A おろしにんにく	小さじ2
おろししょうが	小さじ2
一味唐辛子	少々
しょうゆ・みりん	各大さじ2
酒	大さじ1
サンチュ	8枚(80g)
レモン	適量

作り方

1 長ねぎはみじん切りにしてAと合わせる。
2 牛肉を1に2〜3時間漬け込み、フライパンでこんがり焼く。
3 皿に牛肉、サンチュ、レモンを盛りつけ、レモンを絞ってサンチュで巻いていただく。

183 kcal 塩分1.0g

根菜たっぷり、よくかんで満腹感も！
牛肉と根菜のカムカム煮

材料(2人分)

牛もも薄切り肉	100g
ごぼう	中1本(150g)
れんこん	小1節(150g)
A しょうゆ・みりん	各大さじ2
砂糖	大さじ1
水	1カップ

作り方

1 ごぼうは皮をこそげ取り、5cm長さに切る。れんこんは皮をむき、5mm厚さの輪切りにする。それぞれ2〜3分水にさらす。牛肉は一口大に切る。
2 鍋にAを入れて煮立て、れんこん、ごぼう、牛肉を入れ、ふたをして10分ほど煮る。

239 kcal 塩分2.8g

濃いめの味つけで食べごたえあり
牛肉の香りあえ

材料(2人分)

牛もも薄切り肉	160g
玉ねぎ	½個(100g)
ピーマン	2個(40g)
みょうが	1と½個(15g)
青じそ	5枚
みりん・しょうゆ	各大さじ1

作り方

1 牛肉は一口大に切る。
2 玉ねぎは薄切りにして水にさらし、10分おいて水けをきる。
3 ピーマンはへたと種を除いて細切りに、みょうがと青じそは縦半分に切って細切りする。
4 小鍋にみりんとしょうゆを煮立て、火からおろす。
5 別の鍋に湯を沸かし、牛肉を広げながら入れ、色が変わったら熱いうちに4に漬ける。
6 2、3、5を混ぜ合わせて器に盛る。

210 kcal 塩分1.4g

肉のメインおかず ● 牛もも薄切り肉

ごぼうピューレでボリューム感を
牛ソテー ごぼうソース

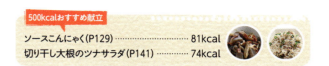

500kcalおすすめ献立
- ソースこんにゃく(P129) ……… 81kcal
- 切り干し大根のツナサラダ(P141) ……… 74kcal

✤ 材料(2人分)
牛焼き肉用肉	80g
塩	小さじ¼
こしょう	少々
ごぼう	½本(100g)
A 顆粒スープの素	小さじ⅓
バルサミコ酢	大さじ2
水	½カップ
しょうゆ	小さじ½
パプリカ(赤・黄)	各⅓個(各50g)
サラダ油	小さじ1
クレソン	適量

✤ 作り方
1 牛肉に塩、こしょうをふって下味をつける。
2 ごぼうを薄く切り、鍋に入れて**A**を加え、汁けがなくなるまで煮る。ごぼうが柔らかくなったら、しょうゆを加える。
3 **2**の粗熱が取れたら、フードプロセッサーでピューレ状にする。
4 パプリカを1cm幅の細切りにする。
5 熱したフライパンに薄く油をひいて、牛肉と**4**を炒める。
6 皿に牛肉を盛り、**3**をのせて、パプリカとクレソンを添える。

129 kcal　塩分0.5g

食物繊維がたっぷりとれる
牛肉とごぼうのしぐれ煮

✤ 材料(2人分)
牛こま切れ肉	100g
ごぼう	½本(100g)
サラダ油	小さじ2
だし汁	½カップ
しょうゆ・みりん	各小さじ2
七味唐辛子	少々

✤ 作り方
1 ごぼうはよく洗い、ささがきにして水に放し、アクをぬく。ざるに上げて水けをきる。
2 フライパンに油を熱し、牛肉とごぼうを炒める。
3 **2**にだし汁、しょうゆ、みりんを加えて煮る。仕上げに七味唐辛子をふる。

500kcalおすすめ献立
- パプリカとツナのごまあえ(P24) ……… 38kcal
- 春菊ののり巻き(P70) ……… 19kcal

184 kcal　塩分0.8g

肉のメインおかず
● 牛焼き肉用肉
● 牛タン薄切り
● 牛こま切れ肉

コーンを大きめに切って歯ごたえを出して
牛肉とヤングコーンの炒めもの

材料(2人分)
牛こま切れ肉	140g
塩・こしょう	各少々
ヤングコーン(水煮)	80g
A しょうゆ・オイスターソース	各小さじ2/3
A 酒	小さじ2
サラダ油	小さじ2

作り方
1　牛肉は塩、こしょうをふる。ヤングコーンは斜め半分に切る。Aは混ぜ合わせる。
2　フライパンに油を中火で熱し、牛肉を炒める。
3　肉の色が変わったら、ヤングコーンを加え、Aを回し入れて味をととのえる。

199 kcal　塩分1.0g

ソースちょっとでコクはしっかり
牛肉ときのこのデミソース煮

材料(2人分)
牛こま切れ肉	100g
玉ねぎ	1/3個
しめじ	1/2パック
バター	小さじ1
小麦粉	小さじ2
A デミグラスソース缶(市販品)・水	各大さじ6
A トマトケチャップ	小さじ2
塩・こしょう	各少々

作り方
1　玉ねぎは薄切りにする。しめじは石づきを取ってほぐす。Aは混ぜ合わせておく。
2　フライパンにバターを熱し、玉ねぎを炒める。しんなりしたら牛肉を加え、炒め合わせる。
3　肉の色が変わったらしめじを加え、小麦粉をふり入れて炒め合わせる。
4　3にAを加えて煮て、塩、こしょうで味をととのえる。

196 kcal　塩分1.0g

脂肪の少ない牛タンで前菜風に
牛タンサラダ

材料(2人分)
牛タン薄切り	100g
おろしにんにく	1/2かけ分
塩	小さじ1/4
長ねぎ	1/3本(20g)
にんじん	1/4本(40g)
グリーンアスパラガス	2本(60g)
レモン	1/4個

作り方
1　おろしにんにくと塩を牛タンにすり込む。
2　フライパンを熱し、油を入れずに1を焼く。
3　長ねぎ、にんじんは細めのせん切りにし、水にさらす。アスパラガスは5cm長さに切ってゆでる。
4　皿に牛タンを並べて3をのせ、上にいちょう切りにしたレモンを飾って、絞っていただく。

159 kcal　塩分0.7g

香味野菜で新陳代謝アップ!
肉野菜香味炒め

✖ 材料(2人分)
豚もも薄切り肉	120g
にんじん	1/5本(30g)
キャベツ	2枚(30g)
玉ねぎ	1/4個(50g)
しめじ	1パック(100g)
にら	1/2わ(50g)
香菜	適量
もやし	1/5袋(40g)
にんにく	1/2かけ
しょうが	1/2かけ
サラダ油	大さじ1/2
A しょうゆ・甜麺醤(テンメンジャン)・酒	各大さじ1/2

✖ 作り方
1　豚肉は一口大に、にんじんは短冊切りに、キャベツと玉ねぎは2cm幅に切る。しめじは石づきを取り、小房に分ける。にら、香菜は5cm長さに切る。もやしは洗ってざるに上げる。にんにく、しょうがは粗みじんに切る。
2　フライパンに油を熱し、にんにくとしょうがを炒める。香りが出たら、豚肉、にんじん、キャベツ、玉ねぎ、もやし、しめじ、にらの順に入れて炒める。
3　Aを合わせて2に加え、炒め合わせる。仕上げに香菜を散らす。

> **500kcalおすすめ献立**
> 黄パプリカとちくわの煮もの(P42) ……… 34kcal
> 大豆のみぞれあえ(P131) ……………… 83kcal

168 kcal　塩分1.2g

油を使わない蒸し煮で断然、低カロリー
豚肉と白菜の蒸しもの

✖ 材料(2人分)
豚もも薄切り肉	160g
生しいたけ	8～10個(100g)
白菜	3～4枚(300g)
ポン酢じょうゆ	適量

✖ 作り方
1　しいたけは食べやすい大きさに切る。
2　耐熱皿に白菜と豚肉を交互に重ね、しいたけを最後にのせて、ラップをふんわりとかけ、電子レンジで5分加熱する。
3　2を食べやすく切って器に盛り、ポン酢じょうゆをかける。

> **500kcalおすすめ献立**
> フーチャンプル(P128) ……………… 65kcal
> スナップえんどうのドレッシングマリネ(P104) ……………… 64kcal

161 kcal　塩分1.8g

500kcalおすすめ献立
- 黄パプリカのおかかあえ(P42) …… 17kcal
- 春菊ののり巻き(P70) …… 19kcal

肉のメインおかず

● 豚もも薄切り肉

241 kcal
塩分2.8g

202 kcal
塩分1.4g

肉はさっと湯通しして脂を落として
肉豆腐

材料(2人分)
豚もも薄切り肉	80g
長ねぎ	1と½本(150g)
木綿豆腐	½丁(150g)
しらたき	½袋(100g)
サラダ油	小さじ2
A　だし汁	1カップ
酒	大さじ1と⅔
砂糖・しょうゆ	各大さじ2
おろししょうが	大1かけ分
絹さや	4枚

作り方
1. 豚肉は食べやすく切る。長ねぎは1cm幅の斜め切り、豆腐は6等分して、ざるに上げて水けをきる。しらたきは食べやすい長さに切る。
2. 小鍋に湯を沸かし、豚肉としらたきをさっとゆでて、ざるに上げる。
3. フライパンに油を熱し、長ねぎ、**2**の豚肉の順に加えて炒める。
4. 鍋に**A**を合わせて火にかけ、豆腐を入れて煮る。煮立ったら**2**のしらたき、**3**を加えて、落としぶたをして弱火で7〜8分コトコト煮込む。
5. 器に盛り、ゆでた絹さやを飾る。

押し麦と大豆で満腹感のある一品
ヘルシーポークビーンズ

材料(2人分)
豚もも薄切り肉	40g
押し麦	20g
玉ねぎ	¼個(50g)
にんじん	⅕本(30g)
サラダ油	大さじ1
A　水	2カップ
固形スープの素	½個
大豆(水煮)	50g
ホールトマト缶	⅓缶(130g)
塩・こしょう	各少々

作り方
1. 押し麦は20分ほど水につけておく。
2. 豚肉は一口大に切り、玉ねぎ、にんじんはみじん切りにする。
3. 鍋に油を熱して**2**を炒め、水けをきった押し麦、**A**を入れ、押し麦が柔らかくなるまで20分ほど弱火で煮込む。
4. **3**に大豆、ホールトマト缶を加えてさらに煮込み、塩、こしょうで味をととのえる。

500kcalおすすめ献立
- コーンとさけフレークのあえもの(P42) …… 58kcal
- スナップえんどうのドレッシングマリネ(P104) …… 64kcal

オイスターソースで手軽にコクを
豚肉とピーマンの オイスターソース炒め

✖ 材料(2人分)

豚もも薄切り肉	140g
塩・こしょう・酒	各少々
ピーマン	2個
パプリカ(赤)	½個
ごま油	小さじ1
A｜オイスターソース・酒	各小さじ1

✖ 作り方

1 豚肉は細切りにし、塩、こしょう、酒をふって下味をつける。ピーマンとパプリカは、へたと種を取って細切りにする。
2 フライパンにごま油を熱し、豚肉を炒める。肉の色が変わったら、ピーマン、パプリカを加えてさらに炒める。
3 **A**を回し入れ、味をととのえる。

500kcalおすすめ献立
- ひじきのポン酢あえ (P129) ……… 85kcal
- かぼちゃのみそ煮 (P42) ……… 56kcal

166 kcal
塩分1.4g

シンプルに肉のうまみを味わえる
豚肉といんげんの 塩炒め

✖ 材料(2人分)

豚もも薄切り肉	140g
いんげん	10本
A｜鶏ガラスープの素	ひとつまみ
｜酒	小さじ2
ごま油	小さじ2
塩・こしょう	各適量

✖ 作り方

1 豚肉は1cm幅に切り、塩・こしょう各少々をふる。いんげんは塩少々を加えた熱湯でゆで、4cm長さに切って縦に裂く。
2 フライパンにごま油を熱し、豚肉を炒める。肉の色が変わったら、いんげんを加え、炒め合わせる。
3 **2**に**A**を回し入れ、塩・こしょう各少々で味をととのえる。

500kcalおすすめ献立
- 焼き野菜の豆腐マヨ添え (P139) ……… 74kcal
- プチトマトとじゃこのごま油炒め (P24) ……… 53kcal

176 kcal
塩分1.3g

肉のメインおかず
● 豚もも薄切り肉

ビタミンC豊富な大根は皮ごとおろして
豚肉のおろしあえ

116 kcal　塩分0.8g

✻ 材料(2人分)

豚もも薄切り肉	100g
片栗粉	大さじ2
大根	⅕本(200g)
ポン酢じょうゆ	大さじ1
七味唐辛子	適量
万能ねぎ(小口切り)	適量

✻ 作り方

1　豚肉は10cm長さに切る。片栗粉をまぶし、たっぷりの湯でゆで、白くなったら冷水に取って水けをきる。
2　大根は皮をむかずにすりおろし、ポン酢じょうゆ、七味唐辛子を混ぜる。
3　1を2に加え、10分ほどつけて味をなじませて取り出し、器に盛る。上に2をのせ、万能ねぎを散らす。

手作りルウでカロリーはぐんと控えめ
豆乳ポークシチュー

206 kcal　塩分2.2g

✻ 材料(2人分)

豚もも薄切り肉	50g
じゃがいも	2個(200g)
玉ねぎ	½個(100g)
にんじん	½本(75g)
ブロッコリー	⅙株(50g)
しめじ	⅕パック(20g)
A　固形スープの素	½個
ローリエ	1枚
豆乳	1カップ
塩・こしょう	各少々

✻ 作り方

1　豚肉は食べやすく切る。じゃがいもと玉ねぎは一口大、にんじんは乱切りにする。ブロッコリーは小房に分け、しめじは石づきを落としてほぐす。
2　鍋に水1カップを入れ、1の豚肉とブロッコリー以外の野菜、Aを入れて煮る。煮立ったらじゃがいもを取り出し、すりつぶす。
3　野菜が柔らかくなったら、ブロッコリーを加え、じゃがいもを戻す。最後に豆乳を加え、塩、こしょうで調味する。

野菜が一度にたくさん食べられる
ゆで豚と野菜のみそスープ仕立て

197 kcal　塩分2.8g

✻ 材料(2人分)

豚もも薄切り肉	120g
A　しょうゆ	小さじ1
しょうがの絞り汁	適量
わかめ(乾燥)	2g
キャベツ	2枚(30g)
もやし	1袋(200g)
酒	¼カップ
水	1カップ
B　みそ	大さじ1と½
みりん・しょうゆ	各小さじ1
万能ねぎ(小口切り)	適量
七味唐辛子	少々

✻ 作り方

1　豚肉はAに漬ける。わかめは水でもどす。キャベツは一口大のざく切りにする。
2　耐熱皿にキャベツ、もやしを入れてラップをかけ、電子レンジで3分加熱する。
3　鍋に酒、分量の水を入れて煮立て、豚肉を1枚ずつ入れて火を通し、取り出す。
4　3のゆで汁のアクや脂をていねいに取り、水適量(分量外)を足して2カップ分にする。再び煮立て、Bを加える。
5　器にキャベツ、もやし、水けを絞ったわかめ、3の豚肉を盛り合わせ、4をかけて万能ねぎを散らす。好みで七味唐辛子をふる。

甘いぶつ切りねぎでおいしくカロリー減
ポークロール

✖ 材料(2人分)

豚もも薄切り肉	4枚(140g)
長ねぎ	1本
塩・こしょう	各少々
片栗粉	少々
サラダ油	小さじ2
しょうゆ・みりん	各小さじ2

✖ 作り方

1 豚肉は半分の長さに切る。長ねぎは長さを8等分に切り、ところどころに包丁で切り目を入れる。
2 バットに1の豚肉を広げ、塩、こしょう、片栗粉をふり、手前に長ねぎをのせてくるくる巻く。
3 フライパンに油を熱し、2を巻き終わりを下にして並べて焼きつける。ふたをして蒸し焼きにし、中まで火が通ったら、しょうゆ、みりんを加え、全体にからめる。

500kcalおすすめ献立

アスパラのなめたけあえ (P104)	13kcal	
かぶの梅肉あえ (P144)	23kcal	

196 kcal 塩分1.4g

トマトと豚肉のうまみが溶け合う
豚肉の プチトマト巻き焼き

✖ 材料(2人分)

豚もも薄切り肉	4枚(140g)
塩・粗びき黒こしょう	各少々
小麦粉	少々
プチトマト	8個
オリーブ油	小さじ2

✖ 作り方

1 豚肉は半分の長さに切る。プチトマトはへたを取る。
2 バットに豚肉を広げ、塩、黒こしょうをふり、さらに小麦粉をふる。プチトマトをくるんで楊枝でとめる。
3 フライパンにオリーブ油を熱し、2を焼く。焼き色がついたら、ふたをして蒸し焼きにする。中まで火が通ったら、ふたを取って水分を飛ばす。

500kcalおすすめ献立

簡単きんぴら (P131)	83kcal	
なすの炒め煮 (P126)	36kcal	

197 kcal 塩分1.1g

肉のメインおかず
● 豚もも薄切り肉

にらと豚肉でスタミナもアップ！
豚肉のにら巻き

材料（2人分）

豚もも薄切り肉	8～10枚(200g)
にら	½わ(50g)
片栗粉	大さじ2
サラダ油	小さじ1
塩・こしょう	各少々
しょうゆ・練り辛子	各適量

作り方

1　にらを10cm長さに切り、茎と葉の部分を均等にするよう、そろえて4等分にする。
2　豚肉を広げて2～3枚重ね、塩、こしょうをふり、手前ににらの¼量をのせ、くるくるときつく巻く。これを4つ作り、片栗粉をまぶす。
3　フライパンに油を熱し、2をきつね色になるまで焼く。
4　焼き上がったら食べやすく切って器に盛り、辛子じょうゆでいただく。

192 kcal　塩分1.9g

脂肪の少ないもも肉でヘルシーに
豚肉のポン酢炒め

材料（2人分）

豚もも薄切り肉	150g
酒・しょうゆ	各小さじ2
玉ねぎ	⅓個(70g)
長ねぎ	½本(50g)
えのきだけ	⅓パック(30g)
サラダ油	大さじ1
ポン酢じょうゆ	大さじ3
万能ねぎ	適量

作り方

1　豚肉は食べやすく切り、酒、しょうゆを加えてもむ。
2　玉ねぎはくし形切りに、長ねぎは4cmの斜め切りにする。えのきだけは石づきを落とし、軽くほぐして4cmに切る。
3　フライパンに油を熱し、豚肉を炒める。色が変わったら玉ねぎを加え、透き通るまで炒める。
4　3に長ねぎ、えのきだけを加えてさっと炒め、ポン酢じょうゆを回し入れてからめ、火を止める。
5　器に盛り、2cm長さに切った万能ねぎを散らす。

205 kcal　塩分3.6g

小松菜と豚肉は栄養バランスも抜群
豚と小松菜の中華炒め

材料（2人分）

豚もも薄切り肉	80g
A｜酒・しょうゆ	各小さじ1
小松菜	1わ(400g)
長ねぎ	⅓本(30g)
しょうが	1かけ
片栗粉	小さじ1
ごま油	小さじ2
酒	小さじ1
しょうゆ	小さじ2

作り方

1　豚肉は3cm幅に切り、Aに漬けて下味をつける。
2　小松菜は4cm長さに切る。長ねぎ、しょうがはみじん切りにする。
3　フライパンにごま油を熱し、豚肉に片栗粉をまぶして入れ、色が変わるまで炒める。
4　3に小松菜の茎、長ねぎ、しょうがを入れてさらに炒め、小松菜の葉を加えたら、酒をふり入れる。全体を混ぜたら、しょうゆを加える。

121 kcal　塩分1.3g

電子レンジで簡単、油も使わない！
豚キムチ

✖ 材料(2人分)
豚ロース薄切り肉	100g
白菜キムチ	100g
にら	½わ(50g)
もやし	1袋(200g)

✖ 作り方
1 豚肉、キムチは食べやすく切る。にらは3cm長さに切る。
2 平らな耐熱皿にもやし、にらの順に盛り、上に豚肉を1枚ずつ重ならないように広げる。
3 **2**にふんわりとラップをかけ、肉の色が変わるまで電子レンジで5分ほど加熱する。そのまま1〜2分蒸らして、キムチとあえる。

500kcalおすすめ献立
さつまいものりんご煮(P139)	88kcal
いんげんのピカタ(P104)	83kcal

117 kcal
塩分1.2g

赤身肉をさらにゆでて脂をカット！
豚肉のデミグラス煮

✖ 材料(2人分)
豚肩ロース薄切り肉(赤身)	150g
じゃがいも	1個(100g)
しめじ	1パック(100g)
デミグラスソース缶(市販品)	½缶(150g)
水	¼カップ
白ワイン	大さじ2
塩・こしょう	各少々
イタリアンパセリ	適量

✖ 作り方
1 豚肉は一口大に切り、沸騰した湯に入れて色が変わるまでゆでる。
2 じゃがいもは皮をむいて一口大に切り、電子レンジで5分加熱する。しめじは石づきを落とし、ほぐす。
3 鍋に**1**、**2**とデミグラスソース缶、水、白ワインを入れ、弱火で5分ほど煮込む。
4 塩、こしょうで味をととのえ、器に盛ってイタリアンパセリを添える。

500kcalおすすめ献立
パプリカのコンビーフあえ(P143)	32kcal
ラディッシュの甘酢漬け(P24)	11kcal

240 kcal
塩分1.5g

簡単なのに味わい深い!
豚肉の梅風味蒸し

材料(2人分)

豚もも薄切り肉	140g
塩・粗びき黒こしょう	各少々
A 梅肉	1個分
酒	小さじ2

作り方

1 豚肉は一口大に切り、塩、黒こしょうをふる。Aを混ぜ合わせて加え、全体になじませる。
2 1を耐熱容器に入れてふんわりとラップをかけ、電子レンジで2分20秒加熱する。

130 kcal　塩分1.1g

肉のメインおかず
● 豚ロース薄切り肉
● 豚もも薄切り肉

缶詰のパインで気軽に!
豚肉とパインのケチャップ炒め

材料(2人分)

豚もも薄切り肉	140g
塩・こしょう	各少々
パイナップル缶(スライス)	1枚
サラダ油	小さじ2
トマトケチャップ	大さじ1

作り方

1 豚肉は2cm幅に切り、塩、こしょうをふる。パイナップルは1cm角に切る。
2 フライパンに油を熱し、豚肉を炒める。肉の色が変わったら、パイナップルを加えてさっと炒める。
3 さらにケチャップを加え、全体にからめる。

191 kcal　塩分0.7g

少量の肉でもこれなら満足感あり
ロール白菜

材料(2人分)

豚もも薄切り肉	8枚(100g)
白菜	3枚(300g)
にんじん	¼本(40g)
ごぼう	⅕本(40g)
いんげん	4本(30g)
まいたけ	½パック(50g)
しめじ	½パック(50g)
A 固形スープの素	½個
カレー粉	小さじ2
塩・こしょう	各適量

作り方

1 豚肉に塩、こしょうをふる。白菜はラップに包み、電子レンジで2分ほど加熱する。
2 にんじん、ごぼうは長さを白菜の幅に合わせて、1cm角の棒状に切る。それぞれラップに包んで、電子レンジで2分ほど加熱する。
3 いんげんは筋を取る。まいたけ、しめじは石づきを落とし、小房に分ける。
4 1の白菜の上に豚肉を広げ、手前ににんじん、ごぼう、いんげんをのせ、くるくるときつく巻いて、楊枝でとめる。
5 4とまいたけ、しめじを鍋に入れ、ひたひたの水を加えて火にかけ、沸騰したらAを加え、弱火で30分煮込む。塩、こしょうで調味する。
6 ロール白菜を半分に切り、まいたけ、しめじ、スープとともに器に盛る。

133 kcal　塩分1.4g

皮を除くだけで手軽にカロリーダウン
鶏の照り焼き

✖ 材料(2人分)

鶏もも肉	180g
A しょうゆ・酒	各小さじ2
A 砂糖	小さじ4
まいたけ	½パック(50g)
ブロッコリー・カリフラワー	各⅛株(各50g)
にんじん	¼本(40g)
しょうゆドレッシング(市販品)	大さじ1

✖ 作り方

1. 鶏肉は皮をはがして一口大に切り、混ぜ合わせたAに30分漬ける。
2. まいたけはほぐして、油をひかずにフライパンで焼く。
3. ブロッコリーとカリフラワーは小房に分け、にんじんは2cm幅の輪切りにし、合わせて少し堅めにゆでる。
4. **2**と**3**をドレッシングであえる。
5. **1**をざるに上げ、鶏肉と漬けだれに分ける。フライパンを熱し、中火で鶏肉をこがさないように焼き、仕上げに漬けだれを回しかけ、強火にして照りを出す。
6. 皿に**4**と**5**を盛りつける。

500kcalおすすめ献立

れんこんのスパイス炒め煮 (P141) ……… 75kcal
ブロッコリーの塩昆布あえ (P104) ……… 21kcal

スパイシーでご飯にもパンにも合う
タンドリーチキン

✖ 材料(2人分)

鶏もも肉	140g(皮は除く)
塩・こしょう	各少々
A プレーンヨーグルト	大さじ2
A トマトケチャップ・ウスターソース	各小さじ2
A カレー粉	小さじ½
サラダ油	小さじ2

✖ 作り方

1. 鶏肉は塩、こしょうをふり、混ぜ合わせたAに30分以上漬け込む(前日の夜から漬け込んでおくとよい)。
2. 鶏肉の漬けだれをペーパータオルでふき取り、油を熱したフライパンまたは魚焼きグリルで両面にこげ目がつくまで焼く。

500kcalおすすめ献立

かぼちゃのとろ~りチーズ (P141) ……… 92kcal
れんこんのオリーブ油炒め (P144) ……… 52kcal

肉は少なめでも野菜のうまみでコクが！
チキントマト煮

✻ 材料(2人分)
鶏もも肉	120g
ブロッコリー	1/5株(50g)
にんにく	1/3かけ
マッシュルーム	2個(30g)
玉ねぎ	1/10個(20g)
ホールトマト缶	1/2缶(200g)
塩	小さじ1/2
こしょう	少々

✻ 作り方
1. 鶏肉は皮をはがして一口大に切る。ブロッコリーは小房に分けてゆでる。
2. にんにくはみじん切り、マッシュルームは2等分、玉ねぎは2mm幅の薄切りにする。
3. 油をひかずに熱したフライパンで鶏肉を焼き、脂が出てきたら2を加え炒める。
4. 3にホールトマト缶、塩、こしょうを加えて煮込む。
5. 器に盛り、仕上げにブロッコリーをあしらう。

500kcalおすすめ献立
- コーンのチーズ焼き(P92) 87kcal
- 菜の花とハムのソテー(P70) 84kcal

106 kcal 塩分2.6g

赤と緑で見た目も色鮮やか！
鶏肉とにんじんの炒り煮

✻ 材料(2人分)
鶏もも肉	120g(皮は除く)
塩・酒	各少々
にんじん	80g
いんげん	4本
ごま油	小さじ1
A だし汁	1/2カップ
A しょうゆ・みりん	各小さじ1

✻ 作り方
1. 鶏肉は一口大のそぎ切りにし、塩、酒をふっておく。
2. にんじんはいちょう切りに、いんげんは斜め半分に切る。
3. 鍋にごま油を熱し、鶏肉を炒める。色が変わったらにんじん、いんげんを加え、油が回るまで炒める。
4. 3にAを加え、落としぶたをして煮汁が少なくなるまで煮る。

500kcalおすすめ献立
- たたきごぼう(P133) 87kcal
- 大根と帆立のマヨあえ(P144) 44kcal

161 kcal 塩分0.9g

肉のメインおかず ●鶏もも肉

仕上げの粉チーズでうまみがアップ
鶏肉とブロッコリーの炒めもの

✱材料(2人分)
鶏もも肉	140g(皮は除く)
ブロッコリー	6房
オリーブ油	小さじ2
粉チーズ	小さじ1
塩・こしょう	各適量
酒	少々

✱作り方
1　鶏肉は食べやすい大きさのそぎ切りにして、塩・こしょう各少々、酒をふっておく。
2　ブロッコリーは塩少々をふってラップで包み、電子レンジで30秒加熱する。
3　フライパンにオリーブ油を熱し、鶏肉を入れて炒める。色が白っぽく変わったら、ブロッコリーを加えて炒め合わせる。
4　塩・こしょう各少々で味をととのえ、仕上げに粉チーズをふる。

500kcalおすすめ献立
ヘルシーラタトゥイユ (P137) ……84kcal
さつまいものカレー風味茶きん (P92) ……71kcal

143 kcal　塩分量1.0g

鶏肉少量でもうまみを出すには十分
玉ねぎたっぷり親子煮

✱材料(2人分)
鶏もも肉	60g
玉ねぎ	1個
卵	2個
だし汁	⅔カップ
しょうゆ・みりん	各小さじ2
三つ葉	少々

✱作り方
1　鶏肉、玉ねぎはそれぞれ1cm角に切る。ボウルに卵を溶きほぐす。
2　鍋にだし汁、しょうゆ、みりん、玉ねぎ、鶏肉を入れて煮立てる。
3　2の鶏肉に火が通ったら、1の溶き卵を回しかけて火を止め、三つ葉を散らす。

500kcalおすすめ献立
油揚げとねぎの塩きんぴら (P42) ……64kcal
プチトマトとじゃこのごま油炒め (P24) ……53kcal

185 kcal　塩分1.2g

肉のメインおかず
- 鶏もも肉
- 鶏胸肉

皮をじっくり焼いて脂を落として
鶏肉の塩焼き

材料(2人分)
鶏もも肉　　　　　　　　160g
塩　　　　　　　　　小さじ¼
ゆずこしょう・すだち　各適量

作り方
1　鶏肉に塩をふって下味をつける。
2　鶏肉を皮目を上にして、魚焼きグリルで強火で焼く。両面に焼き目がついたら、弱火にしてじっくりと火を通す。
3　焼き上がったら食べやすい大きさに切り、ゆずこしょう、すだちを添える。

160 kcal　塩分0.7g

こんにゃくで食べごたえ満点
鶏肉とこんにゃくのみそ炒め

材料(2人分)
鶏胸肉　　　　　　　　　120g
キャベツ　　　　　　3枚(45g)
こんにゃく　　　　1枚(250g)
ごま油　　　　　　　　小さじ2
A｜赤みそ　　　　　　大さじ1
　｜しょうゆ　　　　　大さじ½
　｜酒　　　　　　　小さじ2
　｜砂糖　　　　　　　小さじ1

作り方
1　鶏肉は小さめの一口大に切り、キャベツはざく切りにする。
2　こんにゃくは縦4等分に切り、スプーンで一口大にちぎる。
3　フライパンにごま油を熱し、1と2を炒める。
4　Aを混ぜ合わせて3に加え、さっと炒め合わせる。

147 kcal　塩分1.9g

マヨにヨーグルトを加えてカロリーダウン
チキンシーザーサラダ

材料(2人分)
鶏胸肉　　　　　　　　　80g
パプリカ(赤・黄)　各⅛個(各30g)
グリーンアスパラガス　1本(30g)
グリーンカール　　8枚(160g)
酒　　　　　　　　　大さじ2
卵　　　　　　　　　　　1個
バゲット　　　　　　　　30g
マヨネーズ　　　　　　大さじ1
プレーンヨーグルト
　　　　　　　　　　大さじ1
こしょう　　　　　　　　適量
粉チーズ　　　　　　　大さじ2

作り方
1　パプリカは3cm長さに切る。アスパラガスは3～4cm長さに切り、熱湯でさっとゆでる。グリーンカールは食べやすく手でちぎる。
2　鍋に鶏肉と卵を入れ、かぶるくらいの水と酒を加え、15分ほどゆでる。粗熱が取れたら、鶏肉は薄切りに、ゆで卵は8等分にする。
3　バゲットは食べやすく切り、オーブントースターでカリカリに焼く。
4　マヨネーズとヨーグルトを混ぜ、好みでこしょうをふる。
5　皿に1、2、3を盛り合わせ、4をかけて粉チーズをふる。

223 kcal　塩分0.7g

グリルで余分な脂肪を落として!
鶏肉の西京焼き

材料(2人分)

鶏胸肉	300g
白みそ	1カップ(230g)
酒・みりん	各小さじ1
ピーマン	1個(20g)

作り方

1. 白みそ、酒、みりんを合わせる。
2. 鶏肉は皮と脂肪を取り除き、4等分のそぎ切りにする。ピーマンはへたと種を除き、食べやすい大きさに切る。
3. **2**を**1**に漬け込み、1日おく。
4. **3**のみそをきれいにふき取り、魚焼きグリルで鶏肉とピーマンを一緒にこんがりと焼く。

500kcalおすすめ献立

まいたけと油揚げの煮もの (P135) …… 39kcal
黄パプリカのおかかあえ (P42) …… 17kcal

194 kcal 塩分1.3g

胸肉をおいしく味わうならこれ
蒸し鶏

材料(2人分)

鶏胸肉	140g
塩・こしょう	各少々
酒	大さじ1
ごま油	小さじ½
長ねぎ	10cm
しょうが(せん切り)	少々

作り方

1. 鶏肉は食べやすい大きさのそぎ切りにして、塩、こしょうをふる。長ねぎはせん切りにする。
2. 耐熱容器に鶏肉を並べ、長ねぎ、しょうがをのせて、酒、ごま油を回しかける。ふんわりとラップをかけ、電子レンジで2分加熱する。そのまましばらくおき、余熱で火を通す。

500kcalおすすめ献立

かぼちゃと玉ねぎのソテー (P92) …… 87kcal
切り昆布の明太あえ (P126) …… 70kcal

146 kcal 塩分量0.5g

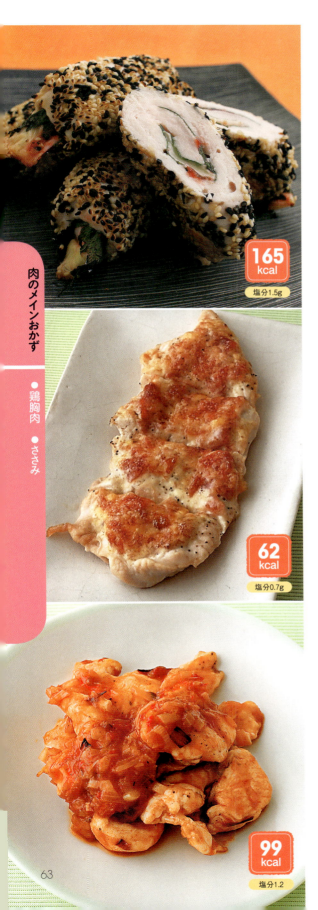

肉のメインおかず
● 鶏胸肉　● ささみ

高たんぱく低脂肪の組み合わせ
ささみチーズ焼き

材料(2人分)

ささみ	4本(160g)
プロセスチーズ	1枚(20g)
青じそ	4枚
梅干し	1個(10g)
いりごま(白・黒)	合わせて大さじ1と½

作り方

1　ささみは包丁で筋を取り、肉たたきでたたいて平らにのばす。
2　チーズは縦に4等分する。梅干しは種を取り、包丁でたたく。
3　ささみを広げて青じそをのせ、2の梅肉を塗り、手前にチーズを1本のせてくるくると巻く。これを4本作る。
4　ごまを皿に広げておき、3を転がして全体にまぶす。
5　アルミホイルに4を並べ、オーブントースターで10分ほど焼く。

165 kcal　塩分1.5g

あっさりささみにコクと酸味をプラス
ささみの梅マヨ焼き

材料(2人分)

ささみ	2本
塩・こしょう	各少々
A　マヨネーズ・酒	各小さじ1
梅肉	1個分

作り方

1　ささみは筋があれば取り、切り目を入れて観音開きにし、塩、こしょうをふる。
2　Aを混ぜ合わせ、スプーンの背などでささみに塗る。
3　オーブントースターで2を焼き、食べやすい大きさに切り分ける。

62 kcal　塩分0.7g

えびをささみにアレンジ!
ささみのチリソース炒め

材料(2人分)

ささみ	2本
塩・こしょう・酒	各少々
長ねぎ(みじん切り)	大さじ2
豆板醤	小さじ½
ごま油	小さじ2
A　鶏ガラスープの素	ひとつまみ
水	大さじ4
トマトケチャップ	小さじ2
水溶き片栗粉	少々

作り方

1　ささみは筋を取って食べやすい大きさのそぎ切りにし、塩、こしょう、酒をふる。
2　フライパンにごま油を熱し、長ねぎ、豆板醤を入れて炒める。香りが立ったら、ささみを加えて炒める。
3　ささみの色が白っぽく変わったら、混ぜ合わせたAを加えて全体にからめる。水溶き片栗粉を回し入れ、とろみをつける。

99 kcal　塩分1.2

豆乳とみそでやさしい味わいに
和風ポトフ

✱ 材料(2人分)

ひき肉(鶏・豚)	各60g
水	3カップ
昆布	5g
削り節	10g
キャベツ	⅛個(150g)
玉ねぎ	½個(100g)
かぶ	1個(80g)
にんじん	1本(150g)
木綿豆腐	⅛丁(40g)
塩・こしょう	各適量
豆乳	½カップ
みそ	大さじ2

✱ 作り方

1　鍋に水と昆布を入れ、30分おく。火にかけて表面に泡が出てきたら昆布を取り出し、沸騰したら削り節を加え、火を止める。ペーパータオルでこし、だし汁は鍋に戻す。だしをとった昆布は2㎝角に切る。
2　キャベツ、玉ねぎは、芯をつけたままくし形切りにする。かぶは縦半分に、にんじんは4つ割りにする。
3　だし汁の鍋に昆布を戻し、塩少々と2を加えて煮る。沸騰したら弱火にして、20分ほど野菜に火が通るまで煮込む。
4　ボウルにひき肉、豆腐、塩・こしょう各少々を入れてよく混ぜ、だんごを作る。3に加えて、だんごに火が通るまで煮る。
5　火を止めて、豆乳とみそを溶き加える。

500kcalおすすめ献立
アスパラのなめたけあえ(P104) ……… 13kcal
プチトマトとじゃこのごま油炒め(P24) ……… 53kcal

258 kcal　塩分2.9g

かぼちゃは大きめに切って存在感を
かぼちゃの鶏そぼろあん

✱ 材料(2人分)

鶏ひき肉	60g
かぼちゃ	½個(100g)
だし汁	½カップ
しょうゆ・みりん	各小さじ2
水溶き片栗粉	少々

✱ 作り方

1　かぼちゃは種とワタを取り、2㎝角に切る。
2　鍋にひき肉を入れ、からいりする。ポロポロになったら、だし汁、1を加えて煮る。
3　煮立ったら、しょうゆ、みりんを加えて煮含め、水溶き片栗粉でとろみをつける。

500kcalおすすめ献立
はんぺんと三つ葉のあえもの (P133) ……… 22kcal
ひじきとパプリカのごま油炒め (P126) ……… 30kcal

111 kcal　塩分1.0g

肉のメインおかず
● 鶏ひき肉　● 豚ひき肉　● 合いびき肉

143 kcal
塩分0.6g

玉ねぎのうまみをきかせて肉はちょっとに
ひき肉のトマト煮

✖ 材料（2人分）
鶏ひき肉	100g
プチトマト	6個
玉ねぎ（みじん切り）	大さじ2
オリーブ油	小さじ2
トマトケチャップ	小さじ2
塩・こしょう	各少々

✖ 作り方
1 プチトマトはへたを取って半分に切る。
2 フライパンにオリーブ油を中火で熱し、玉ねぎを炒める。しんなりしたら、ひき肉を加え、ポロポロになったらプチトマトを加える。
3 プチトマトが煮くずれてきたら、ケチャップを加え、全体がなじむように煮る。塩、こしょうで味をととのえる。

500kcalおすすめ献立
ブロッコリーのコーンクリームがけ（P136）……102kcal
大根と帆立のマヨあえ（P144）……44kcal

119 kcal
塩分0.6g

ひき肉と玉ねぎだけでシンプルに
ミートローフ

✖ 材料（2人分）
合いびき肉	100g
玉ねぎ（みじん切り）	小さじ2
パン粉・牛乳	各小さじ2
塩・こしょう・ナツメグ	各少々
トマトケチャップ	適量

✖ 作り方
1 ボウルにひき肉、玉ねぎ、パン粉、牛乳、塩、こしょう、ナツメグを入れ、よく混ぜ合わせる。
2 アルミホイルに1をのせて包み、直径2.5cmくらいの棒状に形を整える。
3 2をオーブントースターで12〜15分焼く。食べるときにケチャップをかける。

500kcalおすすめ献立
コーンのチーズ焼き（P92）……87kcal
白菜のレモン漬け（P144）……19kcal

野菜を包めば肉少量でも食べごたえが
豚ひき肉の アスパラ包み焼き

✖ 材料(2人分)
豚ひき肉	100g
塩・こしょう	各少々
グリーンアスパラガス	2本
オリーブ油	小さじ2

✖ 作り方
1 アスパラガスははかまを取り、長さを半分に切る。
2 ひき肉は塩、こしょうを加え、よく混ぜ合わせる。
3 アスパラガスを包むように2の肉だねを巻きつける。
4 フライパンにオリーブ油を熱し、3を入れて焼く。肉に焼き目がついたら、ふたをして中まで火を通す。

500kcalおすすめ献立
パプリカのきんぴら (P24) …… 36kcal
春菊ののり巻き (P70) …… 19kcal

152 kcal 塩分0.6g

ゴロゴロ野菜とあんで満足度アップ
肉だんごの甘酢あん

✖ 材料(2人分)
豚ひき肉	100g
グリーンアスパラガス	大1本
しょうがの絞り汁	少々
片栗粉	小さじ2
長ねぎ(みじん切り)	小さじ2
A 鶏ガラスープの素	小さじ1
水	½カップ
酢・トマトケチャップ	各小さじ2
砂糖	小さじ1
水溶き片栗粉	少々

✖ 作り方
1 アスパラガスははかまを取って、斜めに切る。
2 ボウルにひき肉、しょうが汁、片栗粉、長ねぎを合わせてよく練り、一口大に丸める。
3 鍋にAを合わせて火にかけ、煮立ったら2を入れて、火が通るまで煮る。
4 アスパラガスを加えてひと煮し、水溶き片栗粉でとろみをつける。

500kcalおすすめ献立
れんこんサラダ (P137) …… 73kcal
焼き大学いも (P92) …… 94kcal

144 kcal 塩分0.9g

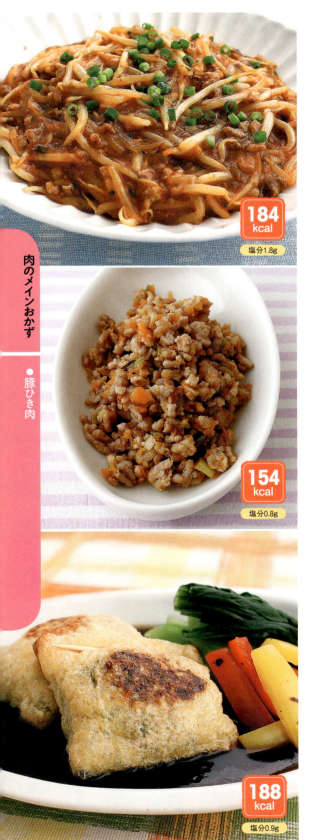

肉のメインおかず ●豚ひき肉

お腹いっぱい食べたいときはこれ!
麻婆もやし

材料(2人分)
- 豚ひき肉 50g
- 長ねぎ ⅕本(20g)
- もやし 2袋(400g)
- 麻婆豆腐の素(市販品) 2人分
- サラダ油 小さじ2
- 万能ねぎ(小口切り) 適量

作り方
1 長ねぎはみじん切りにする。
2 フライパンに油を熱し、1とひき肉を炒める。
3 もやしを加えて、強火で手早く炒め、麻婆豆腐の素をからめる。
4 器に盛って、万能ねぎを散らす。

184 kcal　塩分1.8g

野菜やご飯にかけてもおいしい
ひき肉と野菜のみそそぼろ

材料(2人分)
- 豚ひき肉 100g
- ごま油 小さじ1
- 長ねぎ(みじん切り) 大さじ2
- にんじん(みじん切り) 大さじ2
- A｜みそ・酒・みりん 各小さじ2

作り方
1 フライパンにごま油を熱し、長ねぎ、にんじんを入れて炒める。
2 1にひき肉を加えて炒め、ポロポロになったら混ぜ合わせたAを加える。汁けがなくなるまでいりつける。

154 kcal　塩分0.8g

油揚げの油分だけでカリッと香ばしく
きつね餃子

材料(2人分)
- 豚ひき肉(赤身) 80g
- キャベツ 1枚(15g)
- にら ⅒わ(10g)
- A｜塩 小さじ⅕／こしょう 少々／ごま油 小さじ½
- 油揚げ 1枚
- チンゲン菜 1と½株(150g)
- パプリカ(赤・黄) 各10g
- B｜黒酢 大さじ2／しょうゆ 小さじ½／砂糖 大さじ½／中華スープ ¼カップ
- 片栗粉 小さじ1

作り方
1 キャベツはみじん切りに、にらは5mm幅に切る。
2 ひき肉に1、Aを加えて混ぜ合わせる。油揚げを半分に切って袋状にし、肉だねをつめて、口を楊枝でとめる。
3 フライパンに2を並べて、こんがりするまで1分ほど焼く。
4 チンゲン菜はゆでて3cm長さに切る。パプリカは1cm幅に切り、3を焼いたあとのフライパンで炒める。
5 Bを鍋に入れてひと煮立ちさせ、水小さじ1(分量外)で溶いた片栗粉でとろみをつける。
6 皿に3、4を盛りつけ、5を回しかける。

188 kcal　塩分0.9g

67

赤身のひき肉を使うとより低カロリーに
キャベツとひき肉のピリ辛炒め

✳︎ 材料(2人分)

豚ひき肉	60g
キャベツ	2枚(100g)
ごま油	小さじ2
長ねぎ(みじん切り)	少々
豆板醤	小さじ½
A しょうゆ・みそ	各小さじ1
A 酒・みりん	各小さじ2

✳︎ 作り方

1　キャベツは食べやすい大きさにちぎる。
2　フライパンにごま油を熱し、ひき肉、長ねぎを炒める。肉がポロポロになったら、豆板醤を加えてさらに炒める。
3　**2**に**1**を加え、キャベツがしんなりしたら、**A**を加えて全体に炒め合わせる.

500kcalおすすめ献立
黄パプリカのおかかあえ
(P42)……17kcal
はんぺんの青のりあえ
(P144)……52kcal

131 kcal　塩分1.1g

歯ごたえのいいエリンギは大きめに裂いて
エリンギのベーコン巻き

✳︎ 材料(2人分)

ベーコン	2枚
エリンギ	2本
サラダ油	小さじ1

✳︎ 作り方

1　ベーコンは6等分に切る。エリンギは長さを半分に切り、3つに手で裂く。
2　ベーコンにエリンギをのせてくるりと巻き、楊枝でとめる。
3　フライパンに油を熱し、**2**をこんがりと焼く。

500kcalおすすめ献立
かぼちゃのとろ〜りチーズ
(P141)……92kcal
紫玉ねぎとくるみのサラダ
(P24)……66kcal

111 kcal　塩分0.4g

肉のメインおかず
- 豚ひき肉
- ベーコン
- ラム薄切り肉

蒸し焼きにして裏返さないからピザ感覚
スペイン風オムレツ

材料(2人分)

ベーコン	1/3枚(5g)
玉ねぎ	1/10個(20g)
じゃがいも	1/5個(30g)
パプリカ(赤)	1/4個(40g)
溶き卵	1と1/2個分
オリーブ油	小さじ1/2
塩・こしょう	各少々
刻みパセリ	適量

作り方

1 ベーコン、玉ねぎは5mm幅に切る。じゃがいもは5mm厚さのいちょう切りにする。
2 パプリカは1cm角に切る。
3 フライパンにオリーブ油を熱し、1を炒めて、塩、こしょうで調味する。火が通ったら、2、溶き卵を流し入れる。
4 ふたをして、弱火で蒸し焼きにする。仕上げにパセリをふる。

90 kcal　塩分0.4g

脂肪燃焼に効果的なラム肉をおいしく
ラムのすき焼き

材料(2人分)

ラム薄切り肉	150g
長ねぎ	1/2本(50g)
エリンギ	1/2パック(50g)
サラダ油	小さじ1
A 酒	大さじ2
しょうゆ	大さじ1
砂糖	小さじ2

作り方

1 ラム肉は一口大、長ねぎは1cm幅の斜め切り、エリンギは縦4等分に切る。
2 フライパンに油を熱し、ラムを強火で炒める。
3 Aを加えて煮立ったら、長ねぎとエリンギを加えて8分ほど煮込む。

228 kcal　塩分1.5g

人気の韓国鍋をラム肉でアレンジ
プルコギ風

材料(2人分)

ラム薄切り肉	120g
A コチュジャン	小さじ1
しょうゆ	大さじ1と1/2
砂糖・ごま油・すりごま	各大さじ1/2
おろしにんにく	大さじ1/2
おろししょうが	大さじ1/2
おろしりんご	1/8個分(30g)
サラダ油	小さじ1
炒めもの用カット野菜	1袋(200g)

作り方

1 ラム肉は食べやすく切り、Aを合わせたたれをもみ込んで30分おく。
2 フライパンに油を熱し、カット野菜を炒め、皿に取り出す。
3 2のフライパンでそのまま、ラム肉を炒める。火が通ったら、野菜を戻し入れて炒め合わせる。

257 kcal　塩分2.3g

色で選ぶ！献立お助け副菜

緑のおかず その1

目にも鮮やかな緑のおかず。
食卓にプラスするよう心がければ、ビタミンや抗酸化成分もしっかり補えます。

＊材料の分量はすべて2人分です。

62 kcal 塩分0.4g

シャキシャキ感を残して
絹さやとうずら卵の炒めもの

✖ 材料と作り方
1 絹さや40gを熱湯でさっとゆで、斜め半分に切る。
2 フライパンにサラダ油小さじ1を熱し、1とうずら卵（水煮）4個を炒める。塩・こしょう各適量で味をととのえる。

27 kcal 塩分0.9g

手軽にエスニック風味
小松菜のナンプラー炒め

✖ 材料と作り方
1 小松菜100gは3cm長さに切る。
2 フライパンにごま油小さじ1を熱し、1を炒める。しんなりしたら、ナンプラー小さじ1を加え、塩・こしょう各適量で味をととのえる。

84 kcal 塩分0.7g

炒めると鮮やかな緑色に
菜の花とハムのソテー

✖ 材料と作り方
1 菜の花100gを3cm長さに切る。ハム1枚を細かく刻む。
2 フライパンにサラダ油小さじ2を熱し、1を炒め合わせる。塩・こしょう各適量で味をととのえる。

19 kcal 塩分0.7g

水けをよく絞るのがコツ
春菊ののり巻き

✖ 材料と作り方
1 春菊100gは塩少々を加えた熱湯でゆで、ざるに取って水けを絞る。
2 しょうゆ小さじ1とだし汁小さじ2を合わせ、1にかけて汁けを絞る。
3 焼きのり全型2枚にそれぞれ、2を等分にのせて巻き、一口大に切る。

91 kcal 塩分0.5g

青のりで風味もアップ
青のり＆コーン入り卵焼き

✖ 材料と作り方
1 ボウルに卵2個を割りほぐし、だし汁小さじ1としょうゆ・みりん各小さじ½を混ぜる。さらに、青のり小さじ1、汁けをきったホールコーン缶大さじ1強を加えて、混ぜ合わせる。
2 卵焼き器にサラダ油適量を中火で熱し、1の⅓量を流し込み、手前から向こう側に巻く。これを2回くり返して卵焼きを作る。粗熱が取れたら切り分ける。

9 kcal 塩分0.4g

焼いたほろ苦さがおいしい
ピーマンの焼きびたし

✖ 材料と作り方
1 ピーマン2個はへたと種を取り、6つ割りにする。魚焼きグリルでこげ目がつくまで焼く。
2 ボウルにだし汁小さじ2としょうゆ小さじ1を合わせ、1を熱いうちに漬け込む。

70

part4

野菜もとれてさらにヘルシー

魚介の低カロリー
メインおかず

あじ、さけ、たら、えびなど、おなじみの魚介類も
もっと食卓での出番を増やしたいもの。
ひと工夫して、さらにおいしくカロリーダウンすれば
食事全体のカロリーを減らしたい人の強い味方に!

119 kcal
塩分0.7g

油はいっさい使わずカレー粉で風味づけ
あじのカレームニエル

❋ 材料（2人分）
あじ	2尾(120g)
酒	適量
カレー粉・小麦粉	各大さじ1
塩	少々
ブロッコリー	¼株(60g)
プチトマト	2個

❋ 作り方
1　あじは頭を落として腹ワタを除き、よく洗って水けをふき、中骨にそって身をそいで三枚おろしにする。身を酒に30分漬け、ペーパータオルで水けを取る。
2　カレー粉、小麦粉、塩を合わせて**1**のあじにまぶす。
3　魚焼きグリルにアルミホイルを敷いて**2**を並べ、中まで火が通るよう弱火で焼く。
4　ブロッコリーは小房に分けてゆでる。プチトマトは洗う。
5　皿に**3**を盛りつけ、**4**を添える。

500kcalおすすめ献立
トマトのじゃがいもはさみ焼き(P137)……… 113kcal
絹さやとうずら卵の炒めもの(P70)……… 62kcal

魚介のメインおかず
● あじ ● さば

87 kcal
塩分0.7g

304 kcal
塩分1.6g

青魚がニガテな人も食べやすい!
あじのさんが焼き

✂ 材料(2人分)
あじ	2尾(120g)
しょうが	少々
玉ねぎ	⅕個(40g)
青じそ	4枚
みそ	小さじ1
しょうゆ	小さじ⅓

✂ 作り方
1 あじは頭を落として腹ワタを除き、よく洗って水けをふき、中骨にそって身をそいで三枚おろしにする。
2 1の身を包丁でよくたたくか、フードプロセッサーで粗ミンチにする。
3 しょうが、玉ねぎ、青じそ2枚をみじん切りにする。
4 2、3、みそ、しょうゆを混ぜ合わせ、4等分にして小判形に丸める。
5 フライパンで4をこんがりと焼く。皿に青じそ2枚とともに盛りつける。

500kcalおすすめ献立
長いもの野菜あんかけ (P128) ……… 171kcal
油揚げとねぎの塩きんぴら (P42) ……… 64kcal

薄皮をはぐと独特の臭みが解消
さばのおろし煮

✂ 材料(2人分)
さば(半身)	½尾分(175g)
A　だし汁	¼カップ
酒	½カップ
しょうゆ・砂糖・みりん	各大さじ1
しょうが	½かけ
大根	⅒本(100g)
ゆずの皮(せん切り)	適量

✂ 作り方
1 さばの薄皮をはぎ、4つに切って、それぞれに十字の切り込みを入れる。
2 鍋にAを合わせて火にかけ、煮立ったら重ならないように1のさばを入れる。ふたをして中火で10分ほど蒸し煮にする。
3 しょうがと大根をすりおろし、2にかけて5分ほど煮る。
4 器に盛り、ゆずの皮を散らす。

500kcalおすすめ献立
はんぺんと三つ葉のあえもの (P133) ……… 22kcal
春菊ののり巻き (P70) ……… 19kcal

いわしの脂はコレステロール減にお役立ち
いわしの蒲焼き

✖ 材料(2人分)
いわし	2尾(130g)
小麦粉	適量
A しょうゆ・みりん	各大さじ1と½
酒・砂糖	各大さじ3
サラダ油	適量
長ねぎ	¼本(30g)
白いりごま	適量

✖ 作り方
1　いわしは水洗いし、手開きして骨を除き、小麦粉をまぶす。
2　**A**を小鍋で⅔量まで煮つめる。
3　フライパンに油を熱し、強火で**1**のいわしを両面焼く。こんがりしたら**2**を加え、火を弱めて中まで火を通す。
4　長ねぎは縦に切り目を入れて開き、芯を取って細切りにする。水につけてシャキッとさせ、水けをきる。
5　器に**3**を盛り、**4**を添えて白いりごまをふる。

500kcalおすすめ献立
ピーマンの焼きびたし (P70) ……… 9kcal
ラディッシュの甘酢漬け (P24) ……… 11kcal

273 kcal　塩分2.2g

ホイルで蒸し焼きにすれば油いらず!
さけのホイル焼き

✖ 材料(2人分)
生ざけ	2切れ(140g)
塩・こしょう	各少々
長ねぎ	½本
A みそ	小さじ1
酒	小さじ2

✖ 作り方
1　さけは食べやすい大きさのそぎ切りにし、塩、こしょうをふる。長ねぎは斜め切りにする。**A**は混ぜ合わせておく。
2　アルミホイルを広げてさけを置き、長ねぎをのせて**A**を回しかける。さけを包むようにホイルの口を閉じる。
3　オーブントースターで10〜15分焼く。ホイルを開いて器に盛る。

500kcalおすすめ献立
たたきごぼう (P133) ……… 87kcal
れんこんとかぼちゃのサラダ (P139) ……… 75kcal

106 kcal　塩分0.9g

魚介のメインおかず
● いわし ● さけ

身が柔らかく梅の風味でさっぱり
いわしの梅煮

✣ 材料(2人分)

いわし	4尾(260g)
酢	約1カップ
水	約½カップ
梅干し	2個(20g)
しょうが	1かけ
A { みりん・しょうゆ	各½カップ
砂糖	大さじ1
和風だし(粉末)	小さじ1

✣ 作り方

1　いわしは手開きして頭と内臓を取り、きれいに洗う。
2　小さめの鍋に1を並べ、酢と水をひたひたになるまで注ぎ、梅干し、せん切りにしたしょうがを加えて火にかける。煮汁が半量くらいになるまで、裏返しながら中火で煮る。
3　Aを加えて、さらに落としぶたをして、中火で煮つける。
4　器に盛り、鍋に残った梅干しとしょうがを添える。

310 kcal　塩分4.5g

きのこでボリュームも風味もアップ
さけときのこの包み蒸し

✣ 材料(2人分)

生ざけ	2切れ(120g)
みそ	小さじ1
しめじ	½パック(50g)
えのきだけ	½パック(50g)
長ねぎ	¼本(25g)

✣ 作り方

1　アルミホイルまたはオーブン用クッキングシートにさけをのせ、上にみそを塗る。
2　しめじは石づきを取って小房に分け、えのきだけは根元を切ってから半分に切る。長ねぎは斜め切りにする。
3　2をそれぞれ1のさけにのせ、さけを包むようにホイルの口を閉じる。
4　オーブントースターで15分ほど焼く。ホイルを開いて器に盛る。

152 kcal　塩分0.8g

粒マスタードでコクと酸味をプラス
さけのマスタード焼き

✣ 材料(2人分)

生ざけ	2切れ(120g)
塩・こしょう	各少々
粒マスタード	小さじ1
マヨネーズ(カロリーハーフタイプ)	小さじ2

✣ 作り方

1　さけに塩、こしょうをふり、下味をつける。
2　粒マスタードとマヨネーズを混ぜ合わせ、1の表面に均等に塗りつける。
3　オーブントースターで、途中、裏返しながら5分ほど焼く。

143 kcal　塩分0.7g

フライパンひとつで野菜もたっぷり
かじきの蒸し煮

❋ 材料(2人分)

かじき	2切れ(120g)
塩・こしょう	各少々
にんじん	⅔本(100g)
じゃがいも	½個(50g)
長ねぎ	⅕本(20g)
キャベツ	2枚(30g)
しょうが	1かけ
水	½カップ
顆粒スープの素	小さじ1

❋ 作り方

1 かじきは塩、こしょうをふって下味をつける。
2 にんじんは細めの短冊切り、じゃがいもは1cmの輪切り、長ねぎは斜め切り、キャベツは一口大に切る。しょうがはせん切りにする。
3 フライパンにじゃがいも、キャベツ、にんじん、長ねぎ、しょうがの順に広げるように入れ、上にかじきをのせる。
4 3に水と顆粒スープの素を加え、ふたをして火にかける。煮立ってきたら火を弱めて、そのまま10分ほど蒸し煮にする。
5 皿に野菜を広げて盛り、上にかじきをのせて煮汁を回しかける。

ビタミン野菜を加えてトマト風味に
かじきとピーマンの
ケチャップ炒め

❋ 材料(2人分)

かじき	2切れ(140g)
塩・こしょう	各少々
パプリカ(黄)	½個
ピーマン	1個
サラダ油	小さじ2
A トマトケチャップ・しょうゆ	各小さじ1
A 酒	小さじ2

❋ 作り方

1 かじきは一口大のそぎ切りにし、塩、こしょうをふる。
2 パプリカとピーマンはへたと種を取り除いて、一口大の乱切りにする。
3 フライパンに油を熱し、1のかじきを焼く。火が通ったら2を加えて、さらに炒める。
4 Aを混ぜ合わせて3に回し入れ、全体にからめる。

> **500kcalおすすめ献立**
> ツナ玉そぼろ (P140) …… 102kcal
> キャベツと油揚げの煮もの (P140) …… 53kcal

> **500kcalおすすめ献立**
> 里いも田楽(P131) …… 95kcal
> 紫玉ねぎとくるみのサラダ(P24) …… 66kcal

133 kcal 塩分1.4g

124 kcal 塩分1.1g

低脂肪のかじきをピリッとおいしく
かじきのゆずこしょう

材料(2人分)

かじき	2切れ(120g)
塩	少々
酒	小さじ1
ゆずこしょう	適量
ゆず	適量

作り方

1 かじきは塩と酒をふって、10分おく。
2 オーブントースターで1のかじきを5分ほど焼く。
3 かじきを取り出し、ゆずこしょうを好みの量だけ塗り、皿に盛ってくし形切りにしたゆずを添える。

89 kcal　塩分1.0g

魚介のメインおかず　●かじき

少量のヨーグルトでほのかな酸味を
かじきのヨーグルトみそ漬け

材料(2人分)

かじき	2切れ(140g)
みそ・プレーンヨーグルト	各小さじ2

作り方

1 かじきは半分にそぎ切りにする。
2 みそとヨーグルトをよく混ぜ合わせておく。
3 バットに1のかじきを並べ、2を塗って全体になじませ、3時間以上おいて漬け込む。
4 漬けだれをペーパータオルなどで軽くふき、熱したフライパンまたは魚焼きグリルで両面にこげ目がつくまで焼く。

84 kcal　塩分0.9g

チリソースも手作りすればヘルシー
かじきとエリンギのチリソース炒め

材料(2人分)

かじき	2切れ(140g)
エリンギ	2本
長ねぎ(みじん切り)	小さじ4
ごま油	大さじ1
豆板醤	小さじ2/3
A トマトケチャップ	小さじ4
酢	小さじ2
鶏ガラスープの素	ひとつまみ
水	小さじ4

作り方

1 かじきは食べやすい大きさにそぎ切りにする。エリンギは縦に薄く切る。Aは混ぜ合わせておく。
2 フライパンにごま油、長ねぎを入れて熱し、豆板醤を加える。かじき、エリンギを加えて炒める。
3 混ぜ合わせておいたAを回し入れ、汁けを飛ばしながら炒め煮にして、全体に味をなじませる。

164 kcal　塩分0.9g

ねばねば野菜でスタミナもアップ
まぐろの和風タルタル

✖ 材料(2人分)

まぐろ赤身(刺身用)	160g
青じそ	2枚
長いも	⅕本(100g)
オクラ	5本(50g)
めんつゆ(3倍濃縮)	大さじ2
しょうゆ	大さじ1
わさび(好みで)	適量
卵黄	1個分

✖ 作り方

1 まぐろは包丁で細かくたたく。青じそは粗みじん切りにする。
2 長いもは皮をむいてビニール袋に入れ、めん棒などでたたく。
3 オクラはゆでて刻み、**2**と合わせて混ぜ、めんつゆ、しょうゆを加えよく混ぜる。好みでわさびを溶き入れる。
4 皿に**3**を丸く盛り、上に**1**のまぐろをのせる。中央を少しくぼませ、卵黄をのせて青じそを散らす。混ぜながらいただく。

500kcalおすすめ献立
プチトマトとじゃこのごま油炒め (P24) ……… 53kcal
エリンギの辛味みそがけ (P133) ……… 83kcal

206 kcal
塩分2.8g

にんにくの風味がきいたごちそう!
まぐろの和風ステーキ

✖ 材料(2人分)

まぐろ赤身(刺身用)	160g
塩・こしょう	各少々
おろしにんにく	小さじ1
サラダ油	小さじ1
大根おろし	¼カップ
万能ねぎ(小口切り)	適量
ポン酢じょうゆ	適量

✖ 作り方

1 まぐろに塩、こしょうをふり、おろしにんにくをまぶす。
2 フライパンに油を熱し、**1**のまぐろを入れて表面に火を通すようさっと焼く。
3 1cm幅に切って皿に盛りつけ、大根おろしを添え、万能ねぎを散らす。ポン酢じょうゆをかけていただく。

500kcalおすすめ献立
牛肉じゃが (P132) ……… 154kcal
春菊ののり巻き (P70) ……… 19kcal

129 kcal
塩分1.5g

78

脂肪の少ない赤身を使って甘辛味に
まぐろの照り焼き

材料(2人分)
- まぐろ赤身(刺身用)……140g
- しょうゆ・みりん・酒……各小さじ2

作り方
1 まぐろは半分にそぎ切りにする。バットにしょうゆ、みりん、酒を混ぜ合わせ、まぐろを漬けておく。
2 魚焼きグリルで、汁けをきったまぐろを4〜5分焼き、裏返して1〜2分焼く(両面焼きの場合は6分焼く)。

96kcal 塩分0.7g

魚介のメインおかず
●まぐろ赤身 ●さんま ●白身魚

みかんジュースで手軽におしゃれな一品
さんまの直火焼きみかんソース

材料(2人分)
- さんま……2尾(160g)
- 塩……小さじ1
- こしょう……少々
- 100%みかんジュース……1カップ
- レモンの絞り汁……½個分(20cc)
- 砂糖……小さじ1
- 玉ねぎ……½個(100g)
- 刻みパセリ……少々

作り方
1 さんまは頭と尾を切り落とす。内臓を取り除いて3等分に切って洗い、ペーパータオルなどで水けをふき取る。表面に塩、こしょうをふり、10分以上おく。
2 みかんジュース、レモン汁、砂糖を鍋に入れて、弱火で⅓量になるまでアクを取りながら煮つめる。
3 玉ねぎは薄切りにして水にさらし、辛みがぬけたら水けをきる。
4 1を魚焼きグリルでこんがりと焼く。皿に3を広げ、さんまをのせて2をかけ、パセリを散らす。

195kcal 塩分0.9g

野菜から出るうまみ濃厚なスープも美味
白身魚と野菜のオーブン焼き

材料(2人分)
- 白身魚(たらなど)……2切れ(120g)
- キャベツ……4枚(60g)
- トマト……½個(100g)
- にんじん……⅓本(50g)
- パプリカ(赤)……⅛個(20g)
- エリンギ……½パック(50g)
- じゃがいも……⅓個(30g)
- さつまいも……⅛本(30g)
- オリーブ油……大さじ2
- 塩・こしょう……各少々

作り方
1 キャベツ、トマト、にんじん、パプリカ、エリンギは、それぞれ一口大に切る。じゃがいも、さつまいもは一口大に切って、堅めに下ゆでする。
2 耐熱皿に1の野菜を広げ、魚をのせる。上からオリーブ油、塩、こしょうをふりかけ、アルミホイルをかぶせてふたをして、オーブントースターで20分ほど焼く。

235kcal 塩分0.8g

淡泊な白身魚も食べごたえのある一品に
たらのピカタ

✖ 材料（2人分）
たら	2切れ(140g)
卵	2個
塩・こしょう	各適量
オリーブ油	小さじ2
粗びき黒こしょう(好みで)	少々

✖ 作り方
1　たらは半分にそぎ切りにし、塩・こしょう各少々をふる。
2　ボウルに卵を溶きほぐし、塩・こしょう各少々を加えて混ぜ合わせる。
3　フライパンにオリーブ油を熱し、1のたらを2にくぐらせて焼く。
4　残っている溶き卵も流し入れ、両面焼きつけて、好みで黒こしょうをふる。

500kcalおすすめ献立
大豆のみぞれあえ (P131)　　　　83kcal
ねぎとチャーシューのあえもの (P144)　　　　31kcal

166 kcal　塩分1.1g

身がほくほく。青菜と一緒に
たらのにんにくステーキ

✖ 材料（2人分）
たら	2切れ(160g)
塩・こしょう	各少々
小松菜	½わ(200g)
にんにく	1かけ
オリーブ油	小さじ1
粗びき黒こしょう	適量
水	大さじ1

✖ 作り方
1　たらは塩、こしょうをふり、下味をつける。
2　小松菜は根を落として4㎝長さに切る。熱湯で下ゆでして、水けをきる。
3　にんにくは2mm厚さに切る。
4　フライパンにオリーブ油を入れて強火で熱し、小松菜を炒める。しんなりしたら、黒こしょうをふり、器に盛る。
5　4のフライパンでにんにくを炒め、香りが出たら1のたらを入れ、弱火で焼く。焼き色がついたら裏返し、水を加えてふたをして、2～3分蒸し焼きにする。
6　たらに火が通ったら、4の小松菜にのせて、にんにくも添える。

99 kcal　塩分1.2g

500kcalおすすめ献立
青のり&コーン入り卵焼き(P70)　　　　91kcal
ひじきとパプリカのごま油炒め(P126)　　　　30kcal

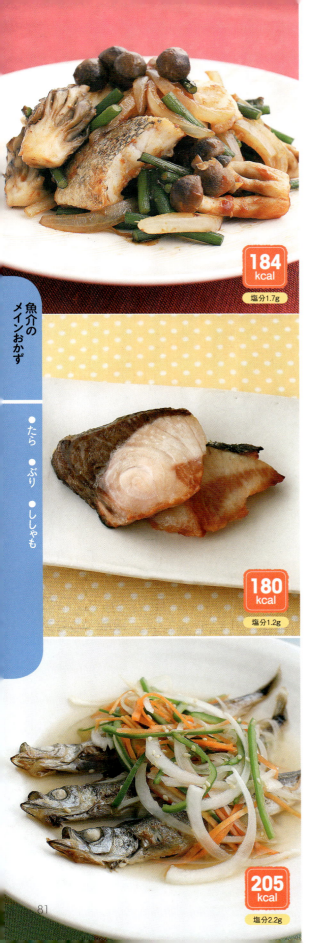

魚介のメインおかず
●たら ●ぶり ●ししゃも

ボリューム満点の韓国風炒め
たらのコチュジャン炒め

材料(2人分)

たら	2切れ(160g)
酒	大さじ1
塩	少々
にんにくの芽	1わ(100g)
玉ねぎ	½個(100g)
しめじ	1パック(100g)
まいたけ	½パック(50g)
片栗粉・ごま油	各小さじ2
コチュジャン	大さじ1

作り方

1 たらは4等分に切り、酒、塩をふりかける。
2 にんにくの芽は4cm長さに切り、玉ねぎは5mm幅に切る。しめじとまいたけは、石づきを落としてほぐす。
3 熱したフライパンにごま油を入れ、1のたらに片栗粉をまぶして入れ、両面を焼く。焼き目がついたら、玉ねぎ、にんにくの芽を加えて炒める。
4 しんなりしたら、しめじ、まいたけ、コチュジャンを加えてふたをして、軽く蒸し焼きにする。

184 kcal　塩分1.7g

シンプルに魚焼きグリルでじっくり焼いて
ぶりの塩焼き

材料(2人分)

ぶり	2切れ(140g)
塩	少々

作り方

1 ぶりは半分にそぎ切りにし、塩をふっておく。
2 魚焼きグリルで1を6～7分焼き、こんがり焼き目がついたら裏返して1～2分焼く(両面焼きの場合は7～8分焼く)。

180 kcal　塩分1.2g

さっと焼いて野菜と一緒に酢漬けに
ししゃもの南蛮漬け

材料(2人分)

ししゃも	6尾(120g)
ピーマン	½個(10g)
にんじん	⅕本(30g)
玉ねぎ	¼個(50g)
酢	½カップ
だし汁	大さじ1
砂糖	小さじ2
うす口しょうゆ	小さじ½
サラダ油	小さじ2
白いりごま	大さじ1

作り方

1 ピーマン、にんじんはせん切りに、玉ねぎは薄切りにする。
2 酢、だし汁、砂糖、うす口しょうゆを混ぜて南蛮酢を作り、1を加えて混ぜる。
3 フライパンに油を熱し、ししゃもを少しこげ目がつくくらいに焼く。熱いうちに、2に漬け込む。
4 器に盛って、白いりごまをふる。

205 kcal　塩分2.2g

仕上げに粉チーズで風味づけ
シーフードグラタン

❋ 材料(2人分)
シーフードミックス	160g
玉ねぎ	¼個
バター	小さじ2
ホワイトソース缶(市販品)	大さじ6
塩・こしょう	各少々
粉チーズ	小さじ2

❋ 作り方
1 玉ねぎは1㎝角に切る。
2 フライパンにバターを熱し、玉ねぎを炒める。透き通ってきたら、シーフードミックスを加えて、さらに炒める。
3 火が通ったらホワイトソースを加え、塩、こしょうで味をととのえる。
4 アルミカップまたはココット皿などにバター(分量外)を塗り、**3**を入れる。粉チーズをふり、こげ目がつくまでオーブントースターで5〜6分焼く。

500kcalおすすめ献立
れんこんときゅうりのサラダ (P141) ……… 73kcal
切り昆布の明太あえ (P126) ……… 70kcal

161 kcal
塩分1.7g

炒め煮風でさっと作れる!
シーフードのトマト煮

❋ 材料(2人分)
シーフードミックス	160g
玉ねぎ	¼個
えのきだけ	½パック
オリーブ油	小さじ2
トマト水煮缶	大さじ4〜6
顆粒スープの素	少々
塩・こしょう	各少々

❋ 作り方
1 玉ねぎは薄切りにする。えのきだけは石づきを除いて、3㎝長さに切る。
2 フライパンにオリーブ油を熱し、玉ねぎを入れてよく炒める。透き通ってきたら、えのきだけ、シーフードミックスを加えて炒め合わせる。
3 **2**にトマト水煮、顆粒スープの素を加えて煮る。汁けが少なくなったら、塩、こしょうで味をととのえる。

500kcalおすすめ献立
焼き野菜の豆腐マヨ添え (P139) ……… 74kcal
いんげんのピカタ (P104) ……… 83kcal

120 kcal
塩分1.5g

市販のトマトソースで簡単に
えびとかぼちゃのトマト煮

材料(2人分)

えび	120g
かぼちゃ	100g
酒	少々
トマトソース(市販品・パスタ用)	½カップ
オリーブ油	小さじ2

作り方

1 えびは殻をむいて背ワタと尾を取り、酒をふっておく。かぼちゃは種とワタを取り、1cm厚さのいちょう切りにする。
2 フライパンにオリーブ油を熱し、えび、かぼちゃを炒める。
3 えびの色が変わってきたら、トマトソースを加えて煮る。

500kcalおすすめ献立
オニオンスライスの卵あえ(P129) 71kcal
れんこんのスパイス炒め煮(P141) 75kcal

163 kcal 塩分1.0g

ホワイトソースを控えめに
えびとマッシュルームのグラタン風

材料(2人分)

えび	大6尾
マッシュルーム	3個
玉ねぎ	⅛個
ホワイトソース缶(市販品)	大さじ2〜3
ピザ用チーズ	10g
サラダ油	小さじ1

作り方

1 えびは殻をむいて背ワタと尾を取る。マッシュルームは半分に切る。玉ねぎはみじん切りにする。
2 フライパンに油を熱し、玉ねぎを炒める。透き通ってきたら、えび、マッシュルームを加えてよく炒める。
3 2にホワイトソースを混ぜ、アルミカップまたはココット皿などに半量ずつ入れ、それぞれにチーズをのせる。オーブントースターでこげ目がつくまで焼く。

500kcalおすすめ献立
スナップえんどうのドレッシングマリネ(P104) 64kcal
トマトとひき肉のバジル炒め(P24) 68kcal

117 kcal 塩分0.5g

とろりあんまでうまみ濃厚
えびとチンゲン菜の蒸しもの

✂ 材料(2人分)

むきえび	大10尾(200g)
生しいたけ	2個(20g)
長ねぎ(白い部分)	1/10本(10g)
A しょうがの絞り汁	小さじ1
塩	小さじ1/4
こしょう	少々
卵白	1/2個分
酒	小さじ1
片栗粉	小さじ2
チンゲン菜	2株(200g)
スープ(固形スープの素1個＋水)	1/2カップ
塩	小さじ1/5
こしょう	少々
片栗粉	小さじ1

✂ 作り方

1　えび、しいたけ、長ねぎ、Aをフードプロセッサーにかけて混ぜる。

2　チンゲン菜は根元を除き、電子レンジで1分加熱して柔らかくする。

3　2を丸めて鍋に並べ、上に1をだんご状に丸めてのせる。スープを注ぎ、約10分蒸し煮にする。

4　具を器に盛り、残ったスープは塩、こしょうで味をととのえ、片栗粉を倍量の水(分量外)で溶いて混ぜ、とろみをつける。器の具にかける。

500kcalおすすめ献立
うずら卵とヤングコーンの炒めもの(P142)・119kcal
そら豆のごましょうゆ漬け(P104)……84kcal

125 kcal　塩分2.6g

鶏もプラスして濃厚なうまみに
えびと野菜のうま煮

✂ 材料(2人分)

むきえび	8尾(80g)
鶏もも肉	80g
酒	小さじ1
片栗粉	小さじ2
塩・こしょう	各少々
白菜	2枚(200g)
生しいたけ	2個(20g)
にんじん	1/8本(20g)
たけのこ(水煮)	小1個(50g)
ピーマン	1個(20g)
長ねぎ	1/2本(50g)
サラダ油	小さじ1
おろしにんにく・おろししょうが	各小さじ2
A 酒	大さじ2
塩・しょうゆ	各小さじ1
中華スープ	1カップ
片栗粉	小さじ2

✂ 作り方

1　えびは酒と塩少々(分量外)をふって片栗粉をまぶし、湯通しする。鶏肉は一口大に切り、塩、こしょうをふる。野菜はすべて食べやすい大きさに切る。

2　フライパンに油を熱し、おろしにんにく、おろししょうがを入れ、鶏肉を炒めて火が通ったら取り出す。

3　同じフライパンで、たけのこ、しいたけを炒め、にんじん、白菜、ピーマンを加えてさらに炒める。全体がしんなりしたらAを加え、1のえび、長ねぎ、2の鶏肉を入れて煮る。

4　野菜が柔らかくなったら、片栗粉を同量の水(分量外)で溶いて加え、とろみをつける。

500kcalおすすめ献立
砂肝のポン酢あえ(P131)……85kcal
大根と帆立のマヨあえ(P144)……44kcal

175 kcal　塩分4.1g

ぷりぷりとシャキシャキの食感も味わい
えびとセロリのチリソース炒め

✻ 材料(2人分)

むきえび	10尾(120g)
セロリ	⅖本
長ねぎ(みじん切り)	大さじ2
しょうが(みじん切り)	小さじ2
豆板醤	少々
ごま油	小さじ2
トマトケチャップ	小さじ2

✻ 作り方

1 セロリは筋を取り、せん切りにする。
2 フライパンにごま油を熱し、長ねぎ、しょうが、豆板醤を入れて炒める。
3 むきえびを加えて、さらに炒める。火が通ったら、セロリを加えて炒め合わせる。ケチャップで味をととのえる。

108 kcal 塩分0.7g

魚介のメインおかず ●えび

おなじみの肉づめより低脂肪
しいたけのえびづめ焼き

✻ 材料(2人分)

むきえび	6尾(60g)
生しいたけ	6個(60g)
青じそ	5枚
A 塩・こしょう	各少々
酒・しょうゆ	各小さじ1
小麦粉	適量
サラダ油	大さじ1
ポン酢じょうゆ	適量
大根おろし	大さじ2

✻ 作り方

1 しいたけはかさと軸に分け、軸は石づきを取り、かさは十字の飾り切りをする。
2 えび、青じそ、しいたけの軸、Aをフードプロセッサーにかけて、混ぜる。
3 しいたけのかさに2を均等につめて、小麦粉を軽くふる。
4 フライパンに油を熱し、3をかさを上にして並べ入れ、中火で両面にこげ目がつくくらいまで焼く。
5 器に盛り、ポン酢じょうゆに大根おろしを入れて添える。

153 kcal 塩分0.6g

手軽に作れるたれでさっぱりと
和風生春巻き

✻ 材料(2人分)

むきえび	8尾(80g)
レタス	4枚(60g)
もやし	⅓袋(70g)
春雨(乾燥)	10g
生春巻きの皮	4枚(40g)
A プレーンヨーグルト	小さじ1
しょうゆ	小さじ1
粒マスタード	小さじ½
ポン酢じょうゆ	小さじ2

✻ 作り方

1 えびは厚みを半分に、レタスはせん切りにする。もやし、春雨は熱湯でさっとゆで、水けをきる。これらを4等分にする。
2 生春巻きの皮はぬるま湯に1枚ずつくぐらせ、まな板の上に広げておく。柔らかくなったら、1を均等にのせて包む。
3 食べやすく切って器に盛り、Aを混ぜたたれを添える。

148 kcal 塩分1.9g

こんにゃく入りでダイエットにぴったり
いかのハンバーグ ごぼうソース

✖ 材料(2人分)
いか(胴部分)	1ぱい分(130g)
玉ねぎ	⅕個(40g)
こんにゃく	½枚(130g)
にんじん	⅕本(30g)
溶き卵	½個分
パン粉	大さじ5
サラダ油	大さじ½
ごぼう(せん切り)	¼本分(30g)
だし汁	1カップ
しょうゆ	小さじ2
みりん	大さじ1
片栗粉	大さじ½
万能ねぎ	適量

✖ 作り方
1 いか、玉ねぎ、こんにゃく、にんじんをフードプロセッサーでみじん切りにする。
2 1に溶き卵、パン粉を混ぜ、小判形にまとめ、油を熱したフライパンでこんがりと焼く。
3 鍋にだし汁を入れ、ごぼうを煮る。しょうゆ、みりんを加え、片栗粉を倍量の水で溶いて加え、とろみをつける。
4 2を器に盛り、3をかけて、斜め切りにした万能ねぎを散らす。

223 kcal
塩分0.9g

かみごたえもあって少量でも満足感が
いかと枝豆の塩炒め

✖ 材料(2人分)
ロールいか	140g
枝豆(豆のみ)	80g
ごま油	小さじ2
長ねぎ(みじん切り)	大さじ2
鶏ガラスープの素	ひとつまみ
水	½カップ
塩・粗びき黒こしょう	各少々

✖ 作り方
1 いかは一口大に切る。
2 フライパンにごま油を熱し、長ねぎを炒める。香りが出たら、いかを加えて炒める。
3 いかに火が通ったら、枝豆、鶏ガラスープの素、水を加えて炒め煮にする。塩、黒こしょうで味をととのえる。

157 kcal
塩分1.0g

りんごの甘みと香りがふわり
いかとりんごの炒めもの

✖ 材料(2人分)
いか	1ぱい(220g)
玉ねぎ	½個(100g)
エリンギ	1パック(100g)
りんご	½個(130g)
オリーブ油	小さじ1
バター	少々
塩・こしょう	各少々
しょうゆ	小さじ1
万能ねぎ(小口切り)	適量

✖ 作り方
1 いかは内臓と軟骨を除いてよく洗い、足は包丁の背で吸盤を取り除く。胴は輪切りに、足は5cm長さに切る。
2 玉ねぎは薄切りにする。エリンギは手で縦に裂き、半分の長さに切る。
3 りんごは4つ割りにして、3mm幅の薄切りにする。
4 フライパンにオリーブ油を熱し、いかを炒める。色が変わったら玉ねぎを加え、しんなりしたら、エリンギ、りんご、バターを加えてさっと炒め、塩、こしょうで調味する。
5 仕上げにしょうゆを回し入れて混ぜ、器に盛って、万能ねぎを散らす。

207 kcal
塩分2.4g

魚介のメインおかず
● いか ● たこ

いかが堅くならないよう、さっと煮て
いかと大豆のトマト煮

✖ 材料(2人分)

ロールいか	60g
大豆水煮缶	100g
オリーブ油	小さじ2
トマトソース(市販品・パスタ用)	大さじ4〜6
刻みパセリ	適量

✖ 作り方

1 いかは2cm長さの細切りにする。大豆は缶汁をきっておく。
2 フライパンにオリーブ油を熱し、いか、大豆を炒める。
3 2にトマトソースを加えて全体にからめ、器に盛ってパセリをふる。

146 kcal　塩分0.9g

大豆をたっぷり入れてかさを出して
たこと大豆のケチャップ煮

✖ 材料(2人分)

ゆでだこ	80g
玉ねぎ	1/4個
大豆水煮缶	80g
オリーブ油	小さじ2
顆粒スープの素	ひとつまみ
水	1/2カップ
トマトケチャップ・ウスターソース	各小さじ1

✖ 作り方

1 たこは食べやすい大きさに切る。玉ねぎはみじん切りにする。大豆は缶汁をきる。
2 フライパンにオリーブ油を熱し、玉ねぎを炒める。透き通ってきたら、たこ、大豆を加えて炒め合わせる。
3 顆粒スープの素、水、ケチャップ、ソースを加えて煮込む。

149 kcal　塩分1.0g

低カロリーでも歯ごたえで満腹感が!
たこボールの辛子じょうゆ

✖ 材料(2人分)

ゆでだこ	50g
わかめ(乾燥)	小さじ1
白身魚のすり身	150g
A 卵白	1/3個分
酒	小さじ2
しょうがの絞り汁	適量
片栗粉	小さじ1
塩	少々
水菜	1株(100g)
にんじん	1/5本(30g)
長ねぎ	1/3本(35g)
B しょうゆ	大さじ2
酢	大さじ1
練り辛子	適量

✖ 作り方

1 ゆでだこは1cm角に、わかめは水でもどして水をきり、1cm長さに切る。
2 白身魚のすり身にAを混ぜ、さらに1のわかめを加えて練る。
3 2を水でぬらした手に取り、1のたこを入れてだんご状に丸める。たっぷりの湯を沸かし、だんごを入れて、浮き上がってくるまでゆでる。
4 水菜はざく切りに、にんじんは細めのせん切りにして水に浸す。長ねぎは4cm長さのせん切りにする。
5 器に水けをきった4を敷き、上に3のだんごをのせる。小皿にBを合わせた酢じょうゆと練り辛子を添える。

157 kcal　塩分2.6g

低脂肪な帆立はダイエットの味方!
帆立のガーリック炒め

✖ 材料(2人分)

帆立貝柱(刺身用)	200g
小松菜	¼わ(100g)
にんにく	1かけ
オリーブ油	大さじ1
塩・こしょう	各少々
しょうゆ	小さじ1

✖ 作り方

1　帆立は厚みを半分に切る。小松菜はざく切りに、にんにくはみじん切りにする。
2　フライパンにオリーブ油とにんにくを入れて熱する。香りが出てきたら、帆立を加えて炒める。
3　帆立に火が通ったら、小松菜を加えて炒め、塩、こしょう、しょうゆで味をととのえる。

500kcalおすすめ献立
- エリンギの辛味みそがけ(P133) ……… 83kcal
- 切り干し大根のツナサラダ(P141) ……… 74kcal

140 kcal 塩分1.7g

帆立のうまみが大根にもじわり
帆立と大根のうま煮

✖ 材料(2人分)

帆立水煮缶	½缶(50g)
大根	⅓本(300g)
貝割れ菜	½パック(40g)
水	1カップ
砂糖	大さじ1
しょうゆ	大さじ1と½
塩	小さじ¼

✖ 作り方

1　大根は2cm厚さの半月切りにする。貝割れ菜は食べやすく切る。
2　鍋に大根、帆立の水煮缶を缶汁ごと入れ、分量の水を加えて火にかける。
3　沸騰したら、火を弱めてアクを取る。砂糖、しょうゆ、塩を加え、中火で大根が柔らかくなるまで20分ほど煮る。
4　仕上げに貝割れ菜を加えて、ざっと混ぜて器に盛る。

500kcalおすすめ献立
- こんにゃく入りのし鶏(P128) ……… 151kcal
- 油揚げとねぎの塩きんぴら(P42) ……… 64kcal

79 kcal 塩分2.9g

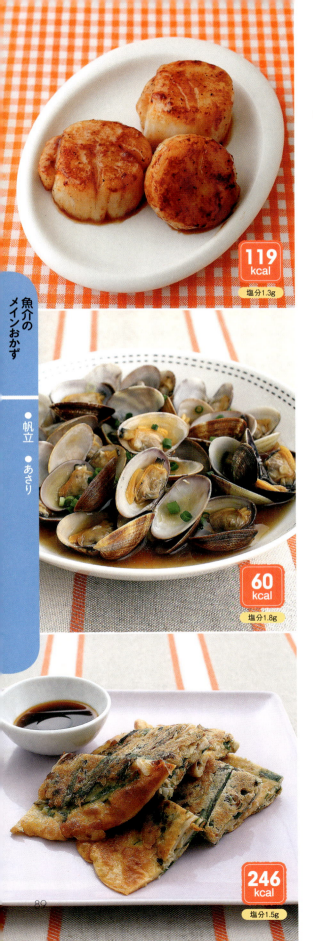

魚介のメインおかず
● 帆立　● あさり

少量のバターで食欲をそそる香りに
帆立のバター蒸し

✽ 材料(2人分)
帆立貝柱(刺身用)	6個
塩	少々
バター	小さじ2
しょうゆ	小さじ1
粗びき黒こしょう	少々

✽ 作り方
1　帆立に塩をふっておく。
2　フライパンにバターを熱し、帆立を入れて両面をこんがりとソテーする。
3　焼き色がついたら、ふたをして蒸し焼きで中まで火を通す。仕上げにしょうゆを加えて全体にからめ、黒こしょうをふる。

119 kcal　塩分1.3g

うまみたっぷりのエキスを味わう定番
あさりの酒蒸し

✽ 材料(2人分)
あさり	300g
酒	大さじ1
しょうゆ	適量
万能ねぎ(小口切り)	適量

✽ 作り方
1　あさりは塩水につけて一晩おき、砂ぬきをしておく。
2　水をきったあさりを鍋に入れ、酒をふり入れてふたをし、中火にかける。
3　貝が開きはじめたら、弱火にして、すべて開いたところで火を止める。
4　しょうゆを鍋肌から回しかけ、ひと混ぜして皿に盛って、万能ねぎを散らす。

60 kcal　塩分1.8g

韓国風お好み焼きを水煮缶で気軽に
あさりのチヂミ

✽ 材料(2人分)
あさり水煮缶	1缶(130g)
にら	⅓わ(30g)
卵	1個
小麦粉	½カップ
水	適量
白菜キムチ	30g
ごま油	小さじ1と½
ポン酢じょうゆ	適量
ラー油(好みで)	適量

✽ 作り方
1　あさり水煮缶は身と缶汁を分けておく。にらは3～4cm長さに切る。
2　ボウルに卵、小麦粉、水(あさりの缶汁と合わせて120mlにする)を混ぜ合わせ、あさりの身、にら、キムチを加えて軽く混ぜる。
3　フライパンにごま油を熱し、2の半量を入れる。弱めの中火で表面がパリッとするよう両面を焼く。同様にもう1枚作る。
4　食べやすい大きさに切って器に盛り、ポン酢じょうゆに好みでラー油を加えて添える。

246 kcal　塩分1.5g

ツナとカッテージチーズでカロリーダウン
ツナの月見グラタン

✳ 材料(2人分)
ツナ缶(ノンオイル)	小1缶(80g)
カッテージチーズ	⅔カップ
ブロッコリー	⅕株(50g)
パプリカ(赤)	⅓個(50g)
卵	2個

✳ 作り方
1　ツナは缶汁をきってボウルに入れ、カッテージチーズと軽く混ぜ合わせる。
2　ブロッコリーは小房に分け、パプリカは乱切りにする。
3　耐熱皿に1の半量を中央をあけて対角に4か所盛り、その間にブロッコリーとパプリカを半量ずつ並べる。中央に卵を割り入れ、皿にアルミホイルをかぶせる。同様にもう一皿作る。
4　オーブントースターに入れ、「弱」の設定で10分ほど焼く。

500kcalおすすめ献立
ヤングコーンのソース炒め (P92) …… 34kcal
ヘルシーラタトゥイユ (P137) …… 84kcal

182 kcal
塩分1.1g

包まないオムレツなので簡単!
ツナとパプリカの
オープンオムレツ

✳ 材料(2人分)
ツナ缶(ノンオイル)	40g
パプリカ(赤)	½個
卵	2個
牛乳	小さじ2
塩・こしょう	各少々
オリーブ油	小さじ2

✳ 作り方
1　ツナは缶汁をきっておく。パプリカはへたと種を取り、細切りにする。
2　ボウルに卵を溶きほぐし、牛乳、塩、こしょうを加えて混ぜ合わせる。
3　フライパンにオリーブ油を熱し、パプリカを炒め、続いてツナを加えて炒め合わせる。
4　3に2の卵液を流し入れ、大きくかき混ぜて円形に整える。

500kcalおすすめ献立
かぼちゃと玉ねぎのソテー (P92) …… 87kcal
カリフラワーのオーロラあえ (P143) …… 78kcal

139 kcal
塩分0.6g

炒めない、揚げないでノンオイル!
コロッケ風パン粉焼き

❋ 材料(2人分)
ツナ缶(ノンオイル)	80g
じゃがいも	中2個
牛乳	小さじ2
塩・こしょう・ナツメグ	各少々
パン粉	小さじ2
ピザ用チーズ	10g
トマトケチャップ(好みで)	適量

❋ 作り方
1　ツナは缶汁をきっておく。じゃがいもはラップで包み、電子レンジで6分加熱する。熱いうちに皮をむき、マッシャーなどでつぶす。
2　ボウルに1のじゃがいも、ツナ、牛乳、塩、こしょう、ナツメグを入れて混ぜ合わせる。
3　2をアルミカップまたはココット皿などに入れて、上にパン粉、チーズを散らす。
4　オーブントースターに入れ、こげ目がつくまで焼く。好みでトマトケチャップをかける。

161 kcal　塩分0.8g

枝豆たっぷりで色も鮮やか!
枝豆とツナのスクランブルエッグ

❋ 材料(2人分)
ツナ缶(ノンオイル)	40g
枝豆(豆のみ)	100g
卵	2個
牛乳	小さじ2
塩・こしょう	各少々
サラダ油	小さじ2

❋ 作り方
1　ツナは缶汁をきっておく。
2　ボウルに卵を溶きほぐし、牛乳、塩、こしょうを合わせてよく混ぜる。
3　フライパンに油を熱し、枝豆とツナを炒める。
4　3に2の卵液を加え、菜箸でかき混ぜる。

197 kcal　塩分0.6g

かに缶とレンジで手軽に華やかな一品
簡単かに玉の甘酢あんかけ

❋ 材料(2人分)
ずわいがに缶	½缶(60g)
えのきだけ	1パック(100g)
グリーンアスパラガス	1本(30g)
パプリカ(赤・黄)	各⅓個(各30g)
A しょうゆ	大さじ2
酢	大さじ1
砂糖	小さじ1
片栗粉	小さじ1
卵	2個
長ねぎ	⅒本(10g)

❋ 作り方
1　えのきだけは根元を落としてほぐし、アスパラガスは斜め切り、パプリカは細切りにする。
2　鍋に水1カップを煮立て、1をさっと煮てAを加える。火が通ったら、片栗粉を同量の水で溶いて入れ、とろみをつける。
3　耐熱容器に卵を割りほぐし、刻んだ長ねぎ、缶汁をきったかに缶を入れてよく混ぜる。ラップをふんわりかけ、電子レンジで途中、取り出して混ぜながら2~3分加熱する。
4　3に2をかける。

145 kcal　塩分3.3g

魚介のメインおかず　●ツナ缶　●かに缶

色で選ぶ！
献立お助け
副菜

黄 のおかず その2

彩りになるのはもちろん、おなじみの食材で簡単に作れて、
ちょっと食卓に変化もつく便利レシピばかりです。

＊材料の分量はすべて2人分です。

99 kcal 塩分0.8g

カリカリに焼いて香ばしく
油揚げの ひき肉はさみ焼き

✖ 材料と作り方
1　油揚げ1枚は熱湯をかけて油ぬきをし、半分に切って袋状に開く。
2　鶏ひき肉40gに長ねぎのみじん切り小さじ2、片栗粉小さじ1、塩適量を加えて練り、1の袋にはさむ。
3　フライパンで2の両面を焼き、しょうゆ小さじ1を塗ってさらにカリッと焼く。食べやすく切って器に盛る。

94 kcal 塩分0.4g

揚げずに焼いてカロリー減
焼き大学いも

✖ 材料と作り方
1　さつまいも100gは5mm厚さのいちょう切りにし、水にさらす。
2　フライパンにサラダ油少々を熱し、水けをきった1を入れてこんがりと焼く。
3　2にはちみつ・しょうゆ各小さじ1を加えてからめ、黒いりごま適量をふる。

71 kcal 塩分0.3g

甘くてほんのりスパイシー
さつまいもの カレー風味茶きん

✖ 材料と作り方
1　さつまいも100gは皮をむいて水にさらし、水けをきって、さいの目に切る。ラップで包み、電子レンジで1分加熱する。
2　1を熱いうちにボウルに入れてつぶし、牛乳小さじ2と塩・こしょう・カレー粉各適量を加え混ぜ、ラップで包んで茶きんのように絞る。

34 kcal 塩分0.5g

コリコリ歯ざわりも楽しい
ヤングコーンの ソース炒め

✖ 材料と作り方
1　ヤングコーン（水煮）6本を1cm幅に切る。
2　フライパンにサラダ油小さじ1を熱し、ヤングコーンを炒め、ソース小さじ2で味をととのえる。

87 kcal 塩分0.4g

ホワイトソースいらずで簡単
コーンのチーズ焼き

✖ 材料と作り方
1　ボウルに汁けをきったホールコーン缶60gとマヨネーズ小さじ2を入れてあえ、アルミカップまたはココット皿などに半量ずつ入れる。
2　ピザ用チーズ20gをのせ、オーブントースターで様子を見ながら、こげ目がつくまで焼く。

87 kcal 塩分0.1g

マヨでまろやか風味に
かぼちゃと 玉ねぎのソテー

✖ 材料と作り方
1　かぼちゃ100gは種とワタを取り、薄いいちょう切りにする。玉ねぎ¼個を薄切りにする。
2　フライパンにオリーブ油小さじ1を熱し、1を炒める。火が通ったら、マヨネーズ小さじ1で味をととのえ、こしょう適量をふる。

part 5

ダイエットにも大活躍

豆・大豆製品の
低カロリーメインおかず

"畑の肉"といわれる大豆をはじめ、たんぱく質とともに
食物繊維がしっかりとれる豆類は、ダイエットの強い味方。
水煮豆から、豆腐やおから、豆乳などの大豆加工品まで
しっかり主菜に使いこなしましょう!

464 kcal
塩分3.1g

いろんな豆と野菜で作るヘルシーカレー
豆カレー

材料(2人分)

ミックスビーンズ(水煮)	60g
大豆(水煮)	20g
玉ねぎ	½個(100g)
にんじん	⅓本(50g)
しめじ	½パック(50g)
水	1カップ
カットトマト缶	¼缶(100g)
カールウ(市販品)	40g
塩・こしょう	各少々
かぼちゃ	40g
ブロッコリー	2房(30g)
パプリカ(赤)	¼個(40g)
ご飯	240g
らっきょう	適量

作り方

1 玉ねぎはみじん切りにし、にんじんはすりおろす。しめじは石づきを落としてほぐす。

2 鍋にミックスビーンズ、大豆、玉ねぎ、にんじん、分量の水を入れて火にかける。沸騰したら、しめじ、カットトマト缶を加えて煮込む。

3 具が柔らかくなったらカレールウを加え、さらに弱火で煮込み、塩、こしょうで味をととのえる。

4 5mm厚さに切ったかぼちゃ、ブロッコリーをそれぞれラップにくるみ、電子レンジで30秒〜1分加熱する。

5 パプリカは粗みじん切りにして、温かいご飯と混ぜる。

6 器に**5**のご飯を盛り、**3**をかけて**4**とらっきょうを添える。

500kcalおすすめ献立

黄パプリカのおかかあえ(P42)	17kcal
しいたけのチーズソテー(P143)	29kcal

豆・大豆製品のメインおかず
● ミックスビーンズ　● 大豆

199 kcal
塩分1.4g

豆をたっぷり多めに。うまみも豊か！
豆のトマト煮

材料（2人分）
ミックスビーンズ(水煮)	120g
豚ひき肉(赤身)	40g
白ワイン	小さじ1
玉ねぎ	1/4個(50g)
セロリ	1/3本(30g)
にんじん	1/3本(50g)
マッシュルーム	4個(60g)
にんにく	1かけ
オリーブ油	小さじ1/2
ホールトマト缶	1/2缶(200g)
固形スープの素	1/2個
ローリエ	1枚
塩・こしょう・タバスコ	各少々

作り方
1 ひき肉に白ワインをふる。玉ねぎ、セロリ、にんじんはみじん切りに、マッシュルームとにんにくは薄切りにする。

2 鍋にオリーブ油とにんにくを入れて火にかけ、香りが出たら、ひき肉を炒める。色が変わって脂が出てきたら、玉ねぎ、セロリを加えて炒める。

3 さらに、にんじん、マッシュルームの順に加えて炒め、水けをきったミックスビーンズ、トマト缶をつぶしながら加える。煮立ったら、固形スープの素とローリエを入れる。

4 トマトが煮つまるまで弱火で15分ほど煮込み、塩、こしょう、タバスコで調味する。

500kcalおすすめ献立
カリフラワーのグラタン(P143) …… 50kcal
ほうれん草と炒り卵のあえもの(P104) …… 50kcal

268 kcal
塩分1.0g

油で揚げず、カリッと焼き上げて
大豆入り焼き春巻き

材料（4個分）
大豆(水煮)	60g
赤いんげん豆(水煮)	40g
卵	1個
カリフラワー	1/6株(50g)
ブロッコリー	1/6株(50g)
マヨネーズ	大さじ1
塩・こしょう	各少々
春巻きの皮	4枚(60g)
小麦粉	小さじ2

作り方
1 大豆と赤いんげん豆は、ざるに取って水けをきる。卵は固めにゆで、粗みじん切りにする。カリフラワー、ブロッコリーは小房に分けてゆで、粗熱が取れたら1cm角に切る。オーブントースターを予熱しておく。

2 1とマヨネーズ、塩、こしょうを混ぜ合わせる。

3 春巻きの皮を角が手前にくるよう広げ、2の1/4量をのせる。ひと巻きしたら皮の左右を内側に折りたたみ、くるくると巻いて、小麦粉を水少々で溶いたのりで巻き終わりをとめる。

4 巻き終わりを下にしてオーブントースターに入れ、「弱」の設定で焼き色がつくまで2〜3分焼く。

500kcalおすすめ献立
にんじんの梅煮(P135) …… 21kcal
アスパラのなめたけあえ(P104) …… 13kcal

みそ風味でご飯にのせてもおいしい
大豆と肉のみそ炒め

✲ 材料(2人分)

大豆(水煮)	80g
にんじん	½本(80g)
玉ねぎ	½個(100g)
鶏ひき肉	100g
みそ	大さじ1
みりん	大さじ2と½
ごま油	大さじ1

✲ 作り方

1　にんじんは1cm角に切り、玉ねぎは粗みじん切りにする。
2　ボウルにみそとみりんを混ぜ合わせる。
3　フライパンにごま油を熱し、ひき肉と1を炒める。火が通ったら、水けをきった大豆を加えて炒め、2を加えて全体を混ぜ合わせる。

272 kcal　塩分1.5g

大豆と大根でさっぱり風味に
大豆のスープカレー

✲ 材料(2人分)

大豆(水煮)	¼カップ
大根	⅕本(200g)
にんじん	⅔本(100g)
玉ねぎ	½個(100g)
エリンギ	1パック(100g)
鶏手羽元	2本(100g)
カレールウ	20g
カレー粉	大さじ1
塩	小さじ½

✲ 作り方

1　大豆は水けをきる。大根は2cm厚さのいちょう切り、にんじんは大きめの乱切り、玉ねぎはくし形切り、エリンギは斜めに切る。
2　鍋に水5カップ(分量外)と鶏手羽元、大根、にんじんを入れ火にかける。
3　沸騰したらアクを取り、玉ねぎを加え、弱火で煮る。大根に竹串がすっと通るまで煮込んだら、エリンギを加える。
4　火を止め、カレールウ、カレー粉、塩を加えて混ぜ、大豆を加える。5分ほど弱火で煮込む。

240 kcal　塩分2.7g

さっぱりとして簡単
豆入りライスサラダ

✲ 材料(2人分)

ミックスビーンズ(水煮)	100g
ハム	2枚
刻みパセリ	少々
ご飯	240g
フレンチドレッシング(市販品)	大さじ2
粗びき黒こしょう	少々

✲ 作り方

1　ミックスビーンズは熱湯でさっと湯通しし、ざるに上げて水けをきる。ハムは1cm角に切る。
2　ボウルにご飯、ミックスビーンズ、ハム、パセリを入れ、ドレッシングを加えて全体をあえる。黒こしょうで味をととのえる。

399 kcal　塩分1.2g

豆・大豆製品のメインおかず
● 大豆 ● ミックスビーンズ ● ひよこ豆

大豆の水煮と和風ドレッシングで簡単
大豆のコロコロサラダ

❋ 材料(2人分)

大豆(水煮)	50g
和風ドレッシング（しょうゆ風味・市販品）	大さじ2
きゅうり	1/3本(30g)
トマト	1/5個(40g)
長いも	2cm(30g)
レタス	2枚(30g)
レモン	1/6個(20g)

❋ 作り方

1 大豆はざるに取って水けをきり、和風ドレッシングに漬けて、味をしみ込ませておく。
2 きゅうり、トマト、長いもは、大豆の大きさと合わせて1cm角に切り、1と混ぜ合わせる。
3 器にレタスを形よく敷き、2を盛ってレモンを添える。

68 kcal 塩分1.1g

サクサク、ポクポクの食感も楽しい
ひよこ豆とかぼちゃのグラタン

❋ 材料(2人分)

ひよこ豆(水煮)	50g
かぼちゃ	1/4個(250g)
塩・こしょう	各少々
ベーコン	1枚(15g)
パン粉	1カップ

❋ 作り方

1 ひよこ豆は水けをきる。
2 かぼちゃは耐熱皿に入れてラップをかけ、電子レンジで約8分加熱する。熱いうちに皮を取り、塩、こしょうをふってつぶす。ベーコンは紙から刻む。
3 2のかぼちゃとベーコンを混ぜ合わせ、ひよこ豆を加えて、小さめのグラタン皿に盛る。
4 3にパン粉をたっぷりとかけ、オーブントースターでこげ目がつくまで5分ほど焼く。

209 kcal 塩分0.9g

ポクポクのひよこ豆でかさ増し
ひよこ豆入りつくね

❋ 材料(2人分)

ひよこ豆(水煮)	100g
鶏ひき肉	100g
みそ	小さじ1
パン粉	小さじ2
塩・こしょう	各少々
サラダ油	小さじ1

❋ 作り方

1 ひよこ豆はざるに取り、水けをきる。
2 ボウルに1、ひき肉、みそ、パン粉、塩、こしょうを入れて練り混ぜ、半量ずつ小判形にまとめる。
3 フライパンに油を熱し、2を両面こんがりと焼く。

197 kcal 塩分0.8g

根菜とお揚げのうまみがつまった一品
きつね八幡焼き

❋ 材料(2人分)

油揚げ	2枚(60g)
にんじん	1/3本(50g)
ごぼう	1/4本(50g)
A　だし汁	1/2カップ
しょうゆ・酒・みりん	各大さじ2

❋ 作り方

1　油揚げはざるにのせて熱湯をかけ、油ぬきをして軽く絞る。それぞれ、長い一辺を残して周囲に切り目を入れて開き、1枚に広げる。
2　にんじん、ごぼうは細切りにし、熱湯でさっとゆでる。
3　1を広げ、手前に2を等分にのせてくるくると巻く。
4　鍋にAを煮立て、3を入れて、味がしみ込むまで煮る。一口大に切り分け、器に盛る。

215 kcal　塩分2.7g

蒸し煮でうまみも栄養もとじ込めて
厚揚げと野菜の蒸し煮

❋ 材料(2人分)

厚揚げ	1/2枚(110g)
キャベツ	1/4個(300g)
玉ねぎ	1/4個(50g)
にんじん	1/4本(40g)
セロリ	3cm(10g)
ブロッコリー	1/5株(50g)
サラダ油	大さじ1/2
A　湯	1カップ
固形スープの素	1/3個
塩	小さじ1/3
こしょう	少々

❋ 作り方

1　厚揚げは縦半分にし、5mm厚さに切る。キャベツは3～4cmのざく切り、玉ねぎは縦に薄切り、にんじんは3mm幅の輪切り、セロリは筋を取って斜め薄切りにする。ブロッコリーは小房に分け、下ゆでする。
2　フライパンに油を熱し、玉ねぎ、にんじん、セロリを炒める。上にキャベツ、厚揚げの順にのせ、Aを入れてふたをする。煮立ったら弱火にし、30～40分蒸し煮にする。
3　仕上げにブロッコリーを入れ、こしょうで味をととのえる。

179 kcal　塩分1.7g

厚揚げを肉に見立てたヘルシー酢豚
カリカリ厚揚げ酢豚

❋ 材料(2人分)

厚揚げ	1枚(220g)
にんじん	1/3本(50g)
たけのこ(水煮)	小1個(50g)
ピーマン	1個(20g)
玉ねぎ	1/2個(100g)
干ししいたけ	2枚
A　トマトケチャップ	大さじ2
砂糖・しょうゆ	各大さじ1
干ししいたけのもどし汁	1/4カップ
酢	大さじ1
片栗粉	小さじ2

❋ 作り方

1　厚揚げはオーブントースターで両面をこんがり焼き、一口大に切る。
2　にんじん、たけのこ、ピーマンは乱切りに、玉ねぎはくし形切りにする。
3　干ししいたけはぬるま湯でもどしてそぎ切りにし、もどし汁は取っておく。
4　鍋にたっぷりの湯を沸かしてサラダ油数滴(分量外)を入れ、2をゆでてざるに上げる。
5　フライパンに4と3のしいたけを入れ、手早くからいりして水けを飛ばす。1と混ぜ合わせたAを加え、全体を混ぜてなじませる。

262 kcal　塩分1.8g

豆・大豆製品のメインおかず
● 油揚げ ● 厚揚げ ● 木綿豆腐

さっとできて繊維補給にぴったり
厚揚げなめたけソース

材料(2人分)
- 厚揚げ ……… 1枚(220g)
- いんげん ……… 10本(70g)
- めんつゆ(3倍濃縮) ……… 小さじ1
- なめたけ(市販品) ……… 10g

作り方
1 厚揚げはオーブントースターで4分ほど焼き、一口大に切って器に盛る。
2 いんげんは筋を取り、3等分に切って塩ゆでする。ざるに上げて、水けをきる。
3 2、めんつゆ、なめたけを混ぜ合わせ、1の厚揚げにかける。

178 kcal　塩分0.3g

大豆製品づくしでアツアツ
揚げと豆腐のびっくり鍋

材料(2人分)
- 厚揚げ ……… ½枚(110g)
- 木綿豆腐 ……… ½丁(150g)
- 油揚げ ……… 1枚(30g)
- 大根 ……… ⅕本(200g)
- だし汁 ……… 1カップ
- しょうゆ・酒 ……… 各大さじ1と½
- 塩 ……… 適量
- 万能ねぎ(小口切り) ……… 適量

作り方
1 厚揚げ、豆腐は4等分に、油揚げは2cm幅に切る。
2 大根はすりおろして、水けをきる。
3 鍋にだし汁を煮立たせ、しょうゆ、酒を加える。再び煮立ったら1を入れ、中火で煮る。
4 塩で調味し、2を加えて軽く煮て火を止める。万能ねぎを散らして、汁ごといただく。

238 kcal　塩分2.3g

厚揚げは湯通しをして油を落として
厚揚げの肉ねぎみそ焼き

材料(2人分)
- 厚揚げ ……… 1枚(220g)
- 長ねぎ(みじん切り) ……… ½本分(50g)
- おろししょうが ……… 大さじ2
- 豚ひき肉 ……… 80g
- サラダ油 ……… 小さじ1
- A
  - 酒 ……… 大さじ2
  - 砂糖・みりん ……… 各小さじ1
  - しょうゆ ……… 小さじ⅓
  - みそ ……… 小さじ2
- 片栗粉 ……… 小さじ1
- 万能ねぎ(小口切り) ……… 適量

作り方
1 厚揚げは熱湯にくぐらせて油ぬきし、ざるに上げて水けをきり、厚さを半分に切る。
2 フライパンに油を熱し、おろししょうが、長ねぎを炒める。香りが出たらひき肉を加え、ぽろぽろになるまで炒める。
3 肉に火が通ったら、Aの調味料を順に加える。煮立ったら、片栗粉を倍量の水で溶いて加え、とろみをつける。火を止めて粗熱を取る。
4 厚揚げに3をのせ、魚焼きグリルで表面に焼き色をつけ、万能ねぎを散らす。

330 kcal　塩分1.1g

豆腐をホワイトソースで洋風に!
豆腐の簡単グラタン

✖ 材料(2人分)
木綿豆腐	1丁(300g)
ほうれん草	⅔わ(130g)
プチトマト	4個
ロースハム	2枚(30g)
卵	2個
牛乳(低脂肪)	½カップ
塩	小さじ½
こしょう	少々
粉チーズ	大さじ2

✖ 作り方
1 豆腐は水きりをし、縦半分にして1cm幅に切る。ほうれん草はゆでて水けをきり、3cm長さに切る。プチトマトはへたを除く。ハムは細切りにする。
2 ボウルに卵を割り入れ、牛乳、塩、こしょう、粉チーズを入れて混ぜる。
3 グラタン皿にバター適量(分量外)を薄く塗り、1を並べて2をかける。
4 オーブントースターに入れて4〜5分焼き、アルミホイルをかぶせてさらに1〜2分焼く。

300 kcal　塩分2.4g

油をきって、汁けなしで低カロリーに
さっぱり揚げだし豆腐

✖ 材料(2人分)
絹ごし豆腐	1丁(300g)
ししとう	2本
大根	⅒本(100g)
塩・こしょう	各少々
片栗粉	大さじ4
揚げ油	適量
ポン酢じょうゆ	大さじ2

✖ 作り方
1 豆腐は4等分にし、ペーパータオルに包んで水きりをする。塩、こしょうをふり、片栗粉をまぶす。
2 大根はすりおろしてざるに上げ、水けをきる。ししとうは包丁の刃先で穴をあけておく。
3 フライパンに揚げ油を2cmほど入れて熱し、1を入れ表面がカリッとするまで中火で揚げ焼きにする。ペーパータオルに取り、余分な油をきる。同じ揚げ油で、ししとうもさっと素揚げする。
4 3の豆腐を器に盛り、大根おろし、ししとうをのせて、ポン酢じょうゆをかける。

272 kcal　塩分1.9g

パリパリのアーモンドが香ばしい
ブロッコリーと豆腐のホットサラダ

✖ 材料(2人分)
木綿豆腐	⅓丁(100g)
ブロッコリー	1株(250g)
かぼちゃ	⅒個(100g)
玉ねぎ	⅓個(70g)
スライスアーモンド	小さじ2
ノンオイルドレッシング(市販品)	大さじ3

✖ 作り方
1 豆腐はペーパータオルで包み、上から重しをして水きりをする。
2 ブロッコリーは小房に分け、茎部分は皮をむいて乱切りにする。それぞれ熱湯でゆでる。
3 かぼちゃは5mm幅の薄切りにし、耐熱皿に並べて電子レンジまたはオーブントースターで、竹串がすっと通るまで加熱する。玉ねぎはみじん切りにする。
4 スライスアーモンドはオーブントースターでこんがりするまで焼く。
5 フライパンにドレッシングを入れて火にかけ、沸騰したら玉ねぎ、豆腐をくずしながら入れて混ぜ、ブロッコリー、かぼちゃも加えてからめる。火を止めて4を混ぜる。

151 kcal　塩分1.5g

豆・大豆製品のメインおかず
● 木綿豆腐 ● 絹ごし豆腐 ● 高野豆腐

代謝アップ効果もばっちり
かに豆腐

❋ 材料（2人分）

絹ごし豆腐	1丁(300g)
かに缶	½缶(60g)
長ねぎ	⅓本(30g)
にんじん	1cm(10g)
しょうが	½かけ
しめじ	¼パック(30g)
サラダ油	大さじ1
A 酒	大さじ1
塩	小さじ½
こしょう	少々
片栗粉	大さじ½
ごま油	少々
青じそ(せん切り)	適量

193 kcal　塩分2.0g

❋ 作り方

1 豆腐は軽く水きりをする。かには軟骨を取り、ほぐす。長ねぎは斜め薄切り、にんじんとしょうがはせん切りにする。しめじは石づきを落としてほぐす。
2 中華鍋を熱し、油としょうが、長ねぎを入れて炒める。香りが出たら、にんじん、かに、しめじの順に炒め合わせ、豆腐をくずしながら加え、強火で炒める。
3 Aを混ぜて回し入れ、煮立ったら、片栗粉を同量の水で溶いて加え、とろみをつける。
4 仕上げにごま油を加えてひと混ぜし、器に盛って青じそを飾る。

高野豆腐でボリュームアップ
高野豆腐入りかに玉

❋ 材料（2人分）

高野豆腐	1枚
かに玉の素(市販品) 2〜3人前1袋(100g)	
溶き卵	2個分
サラダ油	少量
グリーンピース(水煮)	適量

241 kcal　塩分2.3g

❋ 作り方

1 高野豆腐はぬるま湯でもどし、両手ではさんでもみ洗いして、水けをきる。厚みを半分にして薄切りにする。
2 ボウルに1、かに玉の素を入れて混ぜ、溶き卵を加えて混ぜ合わせる。
3 フライパンに油を熱し、2を流し入れて焼く。
4 かに玉の素に付属のあんを袋の表示どおりに作り、3にかけてグリーンピースをのせる。

乾物の高野豆腐でごちそうの一皿
高野豆腐のはさみ煮

❋ 材料（2人分）

高野豆腐	⅔枚(10g)
玉ねぎ	1/10個(20g)
にんじん	1cm(10g)
生しいたけ	1個(10g)
絹さや	2枚
鶏ひき肉	30g
おろししょうが	小さじ¼
塩・こしょう	各少々
片栗粉	小さじ1
A だし汁	¾カップ
砂糖	大さじ½
うす口しょうゆ	小さじ2
みりん	小さじ½
赤唐辛子(輪切り)	1本分

86 kcal　塩分1.3g

❋ 作り方

1 高野豆腐はぬるま湯でもどし、両手ではさんでもみ洗いして、水けをきる。半分に切り、切り口の中央に切り目を入れ、袋状にする。
2 玉ねぎ、にんじん、しいたけはみじん切りにする。絹さやは筋を取る。
3 ひき肉をよく練り、2、おろししょうが、塩、こしょうを加えてよく混ぜる。さらに片栗粉を混ぜ、高野豆腐の袋につめる。
4 鍋にAを合わせ、3を入れて落としぶたをして煮込む。最後に絹さやを加え、さっと煮る。

たねは冷凍保存で作りおきもOK
納豆ブルスケッタ

✳ 材料(2人分)

納豆	2パック(100g)
長ねぎ	¼本(30g)
生しいたけ	1個(10g)
粒マスタード	小さじ1
しょうゆ	少々
バゲット	2枚(60g)
焼きのり	少々
七味唐辛子	適量

✳ 作り方

1 長ねぎはみじん切りにし、納豆の半量と混ぜ合わせる。しいたけは軸を取り、薄切りにする。
2 残りの納豆に粒マスタード、しょうゆを混ぜ合わせる。
3 バゲットの1枚に1をのせる。もう1枚には2をのせ、のりをちぎって散らす。
4 オーブントースターでバゲットがカリッとするまで焼き、好みで七味唐辛子をふる。

199 kcal　塩分0.8g

いろいろ豆＋納豆で栄養もたっぷり
豆づくしきんちゃく

✳ 材料(2人分)

納豆(ひきわり)	1パック(50g)
ミックスビーンズ(水煮)	100g
しょうゆ	大さじ1
青じそ	4枚
油揚げ	2枚(60g)
ごま油	大さじ1

✳ 作り方

1 納豆、水けをきったミックスビーンズ、しょうゆを混ぜ合わせる。みじん切りにした青じそを加えて、さらに混ぜる。
2 油揚げは熱湯にくぐらせて油ぬきをし、水けをきって半分に切り、袋状に口を開く。
3 2の袋に1を等分につめ、楊枝で口をとめる。
4 フライパンにごま油を熱し、3を並べて中火で両面に焼き色をつける。器に盛り、楊枝を取っていただく。

312 kcal　塩分1.3g

繊維やオリゴ糖で腸もスムーズに
おからサラダ

✳ 材料(2人分)

おから	100g
卵	1個
ハム	1枚(20g)
にんじん	⅕本(30g)
キャベツ	2枚(30g)
マヨネーズ	小さじ2
プレーンヨーグルト	大さじ2
塩・こしょう	各少々
レタス	1枚(20g)
プチトマト	6個(60g)

✳ 作り方

1 おからは電子レンジで30秒加熱し、バットに広げてさましサラサラにする。
2 小鍋で卵を固めにゆで、さまして殻をむき、粗く刻む。
3 ハムはせん切りにする。にんじん、キャベツもせん切りにし、軽く塩をふって水けを絞る。
4 おからにマヨネーズ、2、プレーンヨーグルトを入れて混ぜる。3と塩、こしょうを加えてあえる。
5 器にレタスを敷き、4を盛ってプチトマトを添える。

157 kcal　塩分0.9g

レタスに巻いてめしあがれ
アボカドまぐろ納豆

材料(2人分)

納豆(ひきわり)	1パック(50g)
めんつゆ(3倍濃縮)	大さじ1と½
アボカド	½個(100g)
まぐろ赤身(刺身用)	110g
サニーレタス	5枚(100g)

作り方

1 納豆にめんつゆを加えて、よく混ぜておく。
2 アボカド、まぐろはサイコロ状に切る。ボウルに入れ、1と合わせてあえる。
3 2を器に盛り、食べやすくちぎったサニーレタスを添え、巻きながらいただく。

232 kcal　塩分1.4g

おからでふっくら、腹もちもいい!
おからハンバーグ

材料(2人分)

おから	40g
牛乳	小さじ2
玉ねぎ	½個(100g)
にんじん	¼本(40g)
合いびき肉	120g
溶き卵	⅓個分
塩・こしょう	各少々
酒	大さじ2
A はちみつ	大さじ1
A しょうゆ	大さじ1
パプリカ(赤・黄)	各¼個(各40g)

作り方

1 おからは牛乳と混ぜる。玉ねぎはみじん切りにし、にんじんはすりおろす。
2 ひき肉に1、溶き卵、塩、こしょうを加えて練り、冷蔵庫で1時間ほどねかせる。
3 2を小判形にまとめ、油をひかずに熱したフライパンに並べる。強火で表面を焼きつけ、裏返したら酒を加えてふたをし、弱火にして蒸し焼きで中まで火を通す。
4 よく混ぜたAを加え、煮つめながらからめて器に取り出す。つけ合わせのパプリカは1cm幅に切り、同じフライパンで軽く炒めて添える。

253 kcal　塩分1.6g

豆・大豆製品のメインおかず
- 納豆
- おから
- ミックスビーンズ
- 豆乳
- 油揚げ

だし汁を豆乳にかえて濃厚な風味に
豆乳茶碗蒸しのきのこあんかけ

材料(2人分)

豆乳(無調整)	1カップ
卵	1個
生しいたけ	2個(20g)
えのきだけ	½パック(50g)
しめじ	½パック(50g)
水	1カップ
めんつゆ(3倍濃縮)	大さじ1
砂糖	小さじ½
片栗粉	大さじ½

作り方

1 耐熱の器に卵を割りほぐし、豆乳を加えさらによく混ぜる。
2 1より大きい耐熱皿に水適量を張り、1を器ごと入れて全体にふんわりとラップをかける。電子レンジで10分を目安に加熱し、表面に膜が張って卵液に大きな泡が立ったら加熱を止める。そのままレンジの中に5〜10分おき、予熱で火を通す。
3 しいたけ、えのきたけ、しめじは石づきを落とし、食べやすい大きさに切る。
4 鍋に分量の水を入れて沸騰させ、しめじ、しいたけ、えのきの順に入れる。火が通ったらめんつゆ、砂糖を加え、弱火で煮る。片栗粉を同量の水で溶いて回し入れ、とろみをつけて2の茶碗蒸しにかける。

117 kcal　塩分1.2g

> 色で選ぶ！献立お助け副菜

緑のおかず その2

ビタミン豊富な緑の野菜がずらり。
さっと作れる小さなおかずで、上手に使いこなして野菜不足の解消を!

＊材料の分量はすべて2人分です。

21kcal 塩分0.4g

ゆでて水に取ると色鮮やか
ブロッコリーの塩昆布あえ

❋材料と作り方
1 ブロッコリー6〜8房を熱湯でさっとゆで、水に取る。ざるに上げて、水けをきる。
2 1と塩昆布小さじ2をあえ、しばらくおいて味をなじませる。

83kcal 塩分0.4g

並べて焼くと切り口もきれい
いんげんのピカタ

❋材料と作り方
1 ボウルに卵1個を割りほぐし、塩・こしょう各適量を加えて混ぜる。
2 いんげん10本を1の卵液にからめ、オリーブ油小さじ2を熱したフライパンで焼く。粗熱が取れたら、食べやすく切る。

84kcal 塩分0.9g

漬け込むだけで手間なし
そら豆のごましょうゆ漬け

❋材料と作り方
1 ボウルに、半ずりにした白ごま大さじ1、しょうゆ大さじ2、だし汁大さじ1、酢大さじ1、砂糖大さじ½、おろししょうが少々を混ぜ合わせる。
2 ゆでたそら豆(正味)100gを1に漬け込み、2時間くらいおく。

64kcal 塩分0.4g

熱いうちにマリネ液へ
スナップえんどうのドレッシングマリネ

❋材料と作り方
1 スナップえんどう80gは筋を取り、熱湯でさっとゆでる。
2 ボウルにフレンチドレッシング(市販品)大さじ1と⅓、粒マスタード小さじ1を混ぜ合わせ、1を漬けてしばらくおく。

50kcal 塩分0.6g

いろんな青菜でお試しを
ほうれん草と炒り卵のあえもの

❋材料と作り方
1 熱湯に塩少々を加え、ほうれん草½わ(100g)をゆで、水に取って水けを絞り、3cm長さに切る。
2 熱したフライパンに溶き卵1個分を入れ、菜箸3〜4本でかき混ぜて炒り卵を作る。
3 ボウルにだし汁小さじ2としょうゆ小さじ1を混ぜ合わせ、1、2を加えてあえる。

13kcal 塩分0.3g

調味料いらずであえるだけ
アスパラのなめたけあえ

❋材料と作り方
1 熱湯に塩少々を加え、グリーンアスパラガス4本をゆでる。2〜3cm長さに切り、さらに縦半分に切る。
2 ボウルに1となめたけ(市販品)小さじ2を入れてあえる。

part6

炭水化物も上手に食べよう

ご飯・麺・パンの
低カロリーメニュー

昼食や時間がないときにさっと食べられる丼もの、
パスタやうどんなど、ワンプレートのご飯は
炭水化物をとりすぎると、あっという間に高カロリーに。
具を工夫して、ご飯や麺の量を控えめにするのがコツです。

低脂肪のささみを使って豆腐で増量!
親子丼

❋材料(2人分)

ささみ	大1本(50g)
A 酒	大さじ1
しょうゆ	小さじ1
玉ねぎ	1個(200g)
にんじん	⅓本(50g)
B だし汁	1カップ
しょうゆ・みりん	各大さじ2
絹ごし豆腐	⅙丁(50g)
卵	2個
片栗粉	小さじ1
ご飯	240g
三つ葉	適量

❋作り方

1 ささみは薄いそぎ切りにし、Aに漬けておく。玉ねぎ、にんじんはせん切りにする。

2 鍋にBを合わせて煮立て、玉ねぎ、にんじんを加えて柔らかくなるまで煮る。

3 ボウルに豆腐を入れ、泡立て器などでつぶしてクリーム状にし、卵、片栗粉を加えてなじむまで混ぜる。

4 器にご飯を入れ、上に2の具を⅓量ほどかける。

5 2の残りが入っている鍋に、汁けをきった1のささみを入れて火にかけ、ささみに8割ほど火が通ったら3を流し入れ、ふたをして蒸し煮にする。

6 4の器に5をくずさないようにのせ、刻んだ三つ葉を散らす。

500kcalおすすめ献立

アスパラのなめたけあえ(P104)	13kcal
ラディッシュの甘酢漬け(P24)	11kcal

423 kcal　塩分3.2g

こんにゃくを薄くのばして増量！
牛丼

❋ 材料(2人分)

牛もも薄切り肉	120g
玉ねぎ	½個(100g)
こんにゃく	½枚(130g)
しらたき	½袋(100g)
A 酒・みりん	各¼カップ
だし汁	1カップ
砂糖	大さじ1
しょうゆ	大さじ2
リーフレタス	適量
ご飯	240g
紅しょうが	適量

❋ 作り方

1 牛肉は食べやすい大きさに切る。玉ねぎは薄切りにする。
2 こんにゃくは5〜8mm厚さに切って湯通しをし、1枚ずつ麺棒でたたいて薄くのばし、5切れ程度に斜めに切る。しらたきは食べやすく切り、湯通しをする。
3 鍋にAを合わせて火にかけ、アルコール分を飛ばした後、玉ねぎを入れて透き通るまで煮る。
4 砂糖、しょうゆを加え、こんにゃく、しらたきを入れて弱火で煮込む。全体に味がしみたら牛肉を入れ、火を通す。
5 器にちぎったリーフレタスとご飯を盛り、上に4をかけて紅しょうがをのせる。

450 kcal 塩分3.1g

500kcalおすすめ献立
- ピーマンの焼きびたし(P70) ……… 9kcal
- ラディッシュの甘酢漬け(P24) ……… 11kcal

春雨のあんでボリュームアップ
麻婆春雨丼

❋ 材料(2人分)

豚ひき肉	100g
緑豆春雨(乾燥)	50g
にんにく	1かけ
しょうが	1かけ
なす	1個(120g)
にら	½わ(50g)
ごま油	大さじ1
豆板醤	少々
A 中華スープ	1カップ
みそ・しょうゆ・酒・砂糖	各大さじ1と½
塩・こしょう	各少々
ご飯	200g

❋ 作り方

1 春雨はぬるま湯につけてもどし、水けをきり、食べやすい長さに切る。
2 にんにく、しょうがはみじん切り、なすは1cm厚さの輪切りにする。にらは食べやすい長さに切る。
3 フライパンにごま油を熱し、ひき肉を炒め、豆板醤、にんにく、しょうが、なす、にらの順に炒め合わせる。Aを加えて混ぜ、1の春雨を入れて、汁けが少なくなるまで煮る。最後に塩、こしょうで味をととのえる。
4 器にご飯を盛り、3をかける。

529 kcal 塩分4.0g

500kcalおすすめ献立
- ラディッシュの甘酢漬け(P24) ……… 11kcal
- ピーマンの焼きびたし(P70) ……… 9kcal

ご飯・麺・パン ●丼もの

からいりしたこんにゃくが肉のような食感
牛ひき肉とこんにゃくの甘辛丼

✤ 材料(2人分)
牛ひき肉	100g
こんにゃく	¼枚(60g)
小松菜	1株(20g)
おろししょうが	½かけ分
酒	小さじ1
しょうゆ・みりん	各小さじ2
ご飯	280g

✤ 作り方
1. こんにゃくは1cm角に切り、下ゆでする。
2. 小松菜は1cm長さに刻み、塩少々（分量外）をふってもみ、余分な水分を絞る。
3. フライパンで油をひかずに1のこんにゃくをこげ目がつくまでからいりして、取り出す。
4. 同じフライパンで油を入れずに、ひき肉を入れて炒める。しっかり火が通ったら、3、しょうが、酒、しょうゆ、みりんを加えていりつける。
5. 炊きたてのご飯に2を混ぜて器に盛り、4をのせる。

鶏そぼろを高野豆腐でかさ増し
三色丼

✤ 材料(2人分)
鶏ひき肉	100g
高野豆腐	1枚(16g)
ごぼう	⅕本(40g)
いんげん	6本(50g)
A しょうゆ	大さじ1と¼
A 砂糖	大さじ1
A みりん	大さじ1と½
A 酒	大さじ½
A だし汁	½カップ
卵	1個
B 砂糖	大さじ½
B 塩・しょうゆ	各少々
ご飯	280g
塩	適量

✤ 作り方
1. 高野豆腐はぬるま湯につけてもどす。水けを絞り、フードプロセッサーにかけて鶏ひき肉と同じ大きさのミンチ状にする。
2. ごぼうは薄いいちょう切りにする。いんげんは塩ゆでして、斜め薄切りにする。
3. 鍋にAを合わせて火にかけ、ひき肉、1の高野豆腐、ごぼうを入れて、かき混ぜながらいりつける。
4. ボウルに卵を割り、Bを加えてよく溶いてから、油を入れずに熱したフライパンで炒り卵にする。
5. 器にご飯を盛り、3、4をのせ、いんげんを散らす。

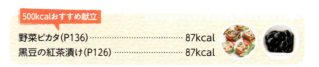

500kcalおすすめ献立
- 野菜ピカタ(P136) …… 87kcal
- 黒豆の紅茶漬け(P126) …… 87kcal

373 kcal
塩分1.4g

469 kcal
塩分2.3g

500kcalおすすめ献立
- 春菊ののり巻き(P70) …… 19kcal
- きくらげのごま油炒め(P126) …… 32kcal

108

油揚げと卵で食べごたえもしっかり
あぶ玉丼

✳ 材料（2人分）

油揚げ	½枚
卵	2個
三つ葉	少々
だし汁	½カップ
しょうゆ・みりん	各小さじ2
ご飯	240g

✳ 作り方

1 油揚げは熱湯を回しかけ、油ぬきをして短冊切りにする。卵は溶きほぐす。三つ葉は食べやすい長さにざく切りにする。
2 鍋にだし汁、しょうゆ、みりんを煮立て、油揚げを加えて煮含める。三つ葉を加えてさっと煮たら、溶き卵を回し入れる。
3 器にご飯を盛り、**2**をのせる。

347 kcal　塩分1.1g

キムチを使って電子レンジで簡単に
韓国風あんかけご飯

✳ 材料（2人分）

白菜キムチ	40g
たけのこ（水煮・細切り）	20g
即席わかめスープ（市販品）	⅔人分
水	¾カップ
卵	1個
片栗粉	小さじ½
ご飯	280g
ちりめんじゃこ	大さじ⅔(4g)
白いりごま	小さじ2

✳ 作り方

1 深めの耐熱容器に、水けをきったたけのこ、わかめスープの素、水を入れてラップをかけ、電子レンジで4分加熱する。
2 **1**に割りほぐした卵、片栗粉を倍量の水（分量外）で溶いたもの、食べやすく切ったキムチを入れてラップをかけ、電子レンジで2分加熱する。
3 ご飯にちりめんじゃこ、白いりごまを混ぜて器に盛り、**2**をかける。

306 kcal　塩分1.8g

豆腐と豆乳入りでたんぱく質充実
ヘルシーお豆腐丼

✳ 材料（2人分）

豚ひき肉	80g
絹ごし豆腐	1丁(300g)
長ねぎ	1本(100g)
卵	1個
豆乳	¼カップ
サラダ油	小さじ1
水	1カップ
しょうゆ	大さじ2
みりん	大さじ1
ご飯	240g

✳ 作り方

1 豆腐は一口大に切る。長ねぎは小口切りにする。
2 卵を割りほぐし、豆乳を混ぜておく。
3 フライパンに油を熱し、ひき肉を炒める。色が変わったら、豆腐、長ねぎ、水、しょうゆ、みりんを加えて、5分ほど煮る。
4 **3**に**2**を回し入れ、ふたをして蒸らし卵とじにする。
5 器にご飯を盛り、**4**をかける。

480 kcal　塩分2.8g

ご飯・麺・パン ● 丼もの

炊かずに炒めるだけでうまみを移して
簡単シーフードピラフ

✳ 材料(2人分)
シーフードミックス(冷凍)	120g
パプリカ(黄)	1個(160g)
玉ねぎ	½個(100g)
サラダ油	小さじ2
塩・粗びき黒こしょう	各少々
ご飯	280g
トマトケチャップ	大さじ1

✳ 作り方
1　パプリカは種を取り、一口大に切る。玉ねぎは1cm角に切る。
2　フライパンに油を熱し、玉ねぎを炒める。しんなりしたら、シーフードミックスを加えて炒め合わせる。
3　火が通ったら、塩、黒こしょうで味をととのえ、ご飯を加えて混ぜる。仕上げにケチャップを加えて、全体を大きく混ぜる。
4　火を止めてから、パプリカを混ぜ込み、器に盛る。

500kcalおすすめ献立
ヘルシーラタトゥイユ(P137) …… 84kcal
白菜のレモン漬け(P144) …… 19kcal

333kcal 塩分1.4g

和風の味つけで低カロリーに
ごぼう入りオムライス

✳ 材料(2人分)
ごぼう	½本(100g)
しょうが	1かけ
卵	2個
鶏ひき肉	70g
A　砂糖	小さじ2
A　しょうゆ	大さじ1
A　みりん	小さじ1
ご飯	210g
塩・こしょう	各少々
サラダ油	小さじ3

✳ 作り方
1　ごぼうはささがきにして酢水(分量外)につけてアクを取り、水けをきる。しょうがはみじん切りにする。卵は割りほぐしておく。
2　フライパンにサラダ油小さじ1を熱し、ごぼう、しょうが、ひき肉を入れて炒め、Aを加える。ご飯も加えて炒め合わせ、塩、こしょうで味をととのえて、半量ずつ器に盛る。
3　フライパンをきれいにしてサラダ油小さじ1を熱し、1の卵液の半量を流し入れて薄くのばし、2の器のご飯にのせる。残りの卵液で同様に作る。

423kcal 塩分1.6g

500kcalおすすめ献立
ソースこんにゃく(P129) …… 81kcal
黄パプリカとちくわの煮もの(P42) …… 34kcal

500kcalおすすめ献立
プチトマトとじゃこのごま油炒め(P24) …… 53kcal
ブロッコリーの塩昆布あえ(P104) …… 21kcal

ご飯・麺・パン
●ピラフ ●オムライス ●チャーハン ●煮込みご飯

399 kcal
塩分0.4g

281 kcal
塩分4.0g

油で炒めず、炊き込んでピラフ風に
炒めないチャーハン

材料(2人分)
米	160g
ベーコン	2枚(30g)
エリンギ	1本(40g)
玉ねぎ	1/2個(40g)
中華だし(粉末)	小さじ2
塩	少々
卵	1個
こしょう	少々

作り方
1. 米はとぎ、炊飯器の普通の水加減にしておく。
2. ベーコンは1cm幅に、エリンギは1cm角に切る。玉ねぎは粗みじん切りにする。
3. 1に2、中華だし、塩を入れて炊飯器で普通に炊く。
4. 卵は深さのある耐熱容器に割り入れ、よく溶いて電子レンジで1〜2分加熱し、途中で取り出してかき混ぜる。レンジから出し、さらに熱いうちにフォークなどでかき混ぜ、炒り卵を作る。
5. 3が炊き上がったら4、こしょうを加え、全体をよく混ぜ合わせて器に盛る。

野菜とスープで煮込む変わりご飯
卵ご飯のロールキャベツ

材料(2人分)
キャベツ	4枚(60g)
にんじん	1/3本(50g)
玉ねぎ	1/2個(100g)
生しいたけ	4個(40g)
ご飯(さます)	210g
溶き卵	1個分
塩・こしょう	各少々
A 水	1と1/2カップ
固形スープの素	1個
ローリエ	1枚
塩・こしょう	各少々
しょうゆ	大さじ1/2

作り方
1. キャベツは葉を切らずに、たっぷりの湯でゆでる。にんじん、玉ねぎは食べやすい大きさに切り、しいたけは石づきを取る。
2. さましたご飯に溶き卵を加え、塩、こしょうをふって混ぜる。
3. 1のキャベツ2枚を広げてずらして重ね、手前に2の半量をのせて巻いて包み、巻き終わりを楊枝でとめる。同様にもう1個作る。
4. 鍋にAを合わせて火にかけ、温まったら3を並べ入れ、すき間ににんじん、玉ねぎ、しいたけを入れる。落としぶたをして、沸騰したら弱火で10〜15分煮る。

500kcalおすすめ献立
切り干し大根のツナサラダ(P141) …… 74kcal
ヤングコーンのソース炒め(P92) …… 34kcal

きのこを多めに使って食べすぎ予防
きのこご飯

✖ 材料(作りやすい分量・約3人分)
米	1合(150g)
しめじ	½パック
生しいたけ	2個
だし汁	1カップ
しょうゆ・みりん	各小さじ2

✖ 作り方
1 米はといで、ざるに上げておく。
2 しめじは石づきを落としてほぐす。しいたけは軸を取り、薄切りにする。
3 炊飯器に1、2、だし汁、しょうゆ、みりんを入れて普通に炊く。
4 炊き上がったら、全体をさっくりと混ぜる。

500kcalおすすめ献立
砂肝としししとう炒め (P130) ……… 161kcal
ひじき煮入り卵焼き (P42) ……… 97kcal

192 kcal
塩分0.6g

里いものほくほく感がおいしい
里いもの炊き込みご飯

✖ 材料(作りやすい分量・約3人分)
米	1合(150g)
里いも	1個
だし汁	1カップ
うす口しょうゆ・みりん	各大さじ½
青のり	少々

✖ 作り方
1 米はといで、ざるに上げておく。
2 里いもは皮をむき、5mm厚さのいちょう切りにする。
3 炊飯器に1、2、だし汁、しょうゆ、みりんを入れて普通に炊く。
4 炊き上がったら、全体をさっくりと混ぜて青のりをふる。

500kcalおすすめ献立
まいたけと鶏肉、ちくわの煮もの (P134) ……… 159kcal
青のり&コーン入り卵焼き (P70) ……… 91kcal

192 kcal
塩分0.6g

ご飯・麺・パン

● 炊き込みご飯 ● 混ぜご飯

自然の甘みが味わいの洋風炊き込み
にんじんライス

材料(作りやすい量・約3人分)

米	1合(150g)
にんじん	3cm
バター	小さじ1
顆粒スープの素	大さじ½
水	1カップ

作り方

1 米はといで、ざるに上げる。にんじんは皮をむき、1cm長さのせん切りにする。
2 フライパンにバターを熱し、にんじんを炒める。
3 炊飯器に米、2、スープの素、分量の水を入れて普通に炊く。
4 炊き上がったら、全体をさっくりと混ぜる。

198 kcal 塩分0.9g

市販のなめたけひとつで味つけ
ツナとなめたけの炊き込みご飯

材料(2人分)

米	120g
ツナ缶(ノンオイル)	½缶(40g)
なめたけ(市販品)	50g
水	¾カップ
焼きのり	適量

作り方

1 炊飯器にといだ米、ツナと缶汁、なめたけを入れ、分量の水を加えて、30分ほどおいてから普通に炊く。
2 炊き上がったら、底のほうからさっくりと混ぜる。器に盛り、ちぎったのりをのせる。

277 kcal 塩分1.2g

玄米とひじきでミネラル補給にも最適
玄米入りひじきご飯

材料(2人分)

米	80g
玄米	40g
水	170mℓ
ひじき(乾燥)	12g
にんじん	1cm(10g)
油揚げ	⅛枚(4g)
サラダ油	小さじ1
大豆(水煮)	20g
A　だし汁	1カップ
しょうゆ・みりん	各小さじ2
砂糖	大さじ1

作り方

1 米と玄米はといで合わせ、分量の水に30分ほどつけてから普通に炊く。
2 ひじきは水でもどして洗い、にんじんは拍子木切り、油揚げは2cm長さの短冊切りにする。
3 鍋に油を熱し、2と大豆を中～弱火で炒める。全体に油が回ったらAを加え、弱火で汁けがなくなるまで煮る。
4 炊き上がったご飯に3を混ぜ込む。

301 kcal 塩分1.2g

少ないご飯でも雑炊にすれば満腹
野菜たっぷり雑炊

500kcalおすすめ献立
しめじとさけの炒めもの(P134) ……… 156kcal
スナップえんどうのドレッシングマリネ(P104) …… 64kcal

✱ 材料(2人分)

ご飯	210g
ささみ	1本(50g)
大根	1cm(30g)
にんじん	1cm(10g)
生しいたけ	1個(10g)
ほうれん草	⅕わ(40g)
だし汁	2カップ
塩・しょうゆ・酒	各小さじ½

✱ 作り方
1　ご飯はざるに入れ、流水にさらしてから水けをきる。
2　ささみは一口大に切る。大根、にんじんは薄切り、しいたけはそぎ切り、ほうれん草は2cm長さに切る。
3　鍋にだし汁を煮立て、ささみを入れる。色が変わったら、1のご飯と大根、にんじん、しいたけを加える。
4　野菜が柔らかくなったら塩、しょうゆ、酒で味をととのえ、最後にほうれん草を加えてさっと煮る。

217 kcal　塩分1.7g

ナンプラーと香菜でアジアンに
あさりと根菜の エスニックがゆ

✱ 材料(2人分)

ご飯	210g
あさり(殻つき・砂ぬき)	200g
にんじん	⅓本(50g)
れんこん	⅕節(40g)
長いも	40g
水	4カップ
ナンプラー	小さじ1
香菜	適量
レモン(いちょう切り)	適量

✱ 作り方
1　ご飯はざるに入れて流水で洗ってぬめりを取ったら、水けをきる。
2　あさりは殻をこするようにして洗う。にんじん、れんこん、長いもは5mm角に切る。
3　鍋に分量の水とあさりを入れて火にかけ、煮立ったらアクを取り、殻が開いたらあさりを取り出す。
4　3の鍋ににんじん、れんこんを入れて火にかけ、柔らかくなったら長いもを入れてかき混ぜながら煮る。水分が少なくなったら水を少し足す。
5　ご飯とナンプラーを加えて火を止め、3のあさりを戻す。器に盛り、好みで香菜とレモンを添える。

258 kcal　塩分1.3g

500kcalおすすめ献立
油揚げのひき肉はさみ焼き(P92) ……… 99kcal
白菜のレモン漬け(P144) ……… 19kcal

500kcalおすすめ献立	
卵のしょうゆ煮(P130)	76kcal
れんこんのスパイス炒め煮(P141)	75kcal

ご飯・麺・パン

● 雑炊 ● おかゆ ● おじや

360 kcal
塩分1.9g

332 kcal
塩分1.9g

500kcalおすすめ献立	
ひき肉の卵焼き(P132)	128kcal
菜の花とハムのソテー(P70)	84kcal

鶏肉と干しえびのだしで味わい深い
鶏肉おかゆアジア風

❉ 材料(2人分)

米	80g
水	2と½カップ
鶏手羽元	4本(200g)
干しえび	大さじ1
塩	小さじ½
ナンプラー	小さじ1
万能ねぎ(小口切り)	適量
サラダ油	適量
香菜	適量

❉ 作り方

1 米はといで、分量の水に1時間ほどつけておく。
2 炊く直前に鶏肉、干しえび、塩、ナンプラーを加え、炊飯器のおかゆモードで炊く。
3 フライパンに油を熱し、万能ねぎを軽くこげ目がつく程度に炒める。
4 おかゆを器に盛り、3を散らして好みで香菜をのせる。

豆乳でほのかに甘いやさしい味
野菜たっぷり豆乳おじや

❉ 材料(2人分)

冷凍温野菜(にんじん・ブロッコリー・グリーンアスパラガスなど)	200g
玉ねぎ	¼個(50g)
オリーブ油	大さじ½
固形スープの素	½個
水	1カップ
ご飯	210g
豆乳(無調整)	1カップ
塩・こしょう	各少々
ピザ用チーズ	20g

❉ 作り方

1 冷凍温野菜は解凍しておく。玉ねぎは大きめのみじん切りにする。
2 鍋にオリーブ油を熱し、玉ねぎを弱火でこがさないように炒める。透き通ってきたら、弱火のまま、水、固形スープの素を加えて溶かし、ご飯、冷凍温野菜を加える。
3 ご飯がほぐれたら豆乳を加え、全体にとろみがつくまで5分ほど弱火のまま煮る。
4 塩、こしょうで味をととのえ、器に盛ってチーズを散らす。

500kcalおすすめ献立
カリフラワーのグラタン(P143) ………… 50kcal
アスパラのなめたけあえ(P104) ………… 13kcal

ソースの隠し味にめんつゆを使って
そうめんの和風トマトソースがけ

❋ 材料(2人分)
玉ねぎ	⅕個(40g)
なす	1個(120g)
にんにく	½かけ
サラダ油	小さじ2
カットトマト缶	1缶(400g)
めんつゆ(3倍濃縮)	大さじ2
塩	少々
そうめん(乾燥)	2束(100g)
青じそ(せん切り)	1枚分

❋ 作り方
1 玉ねぎは薄切りにする。なすは1cm角に切り、水につける。にんにくはみじん切りにする。
2 鍋に油とにんにくを入れて弱火にかけ、香りが出たら、玉ねぎを加えて色づくまで炒める。カットトマト缶を加えて7～8分煮込む。
3 水けをきったなすを加え、なすに火が通ったらめんつゆを加え、塩で味をととのえる。
4 そうめんをゆで、皿に盛って4をかけ、青じそを散らす。

283 kcal　塩分3.0g

中華麺をそうめんにかえてあっさりと
冷やし中華風そうめん

❋ 材料(2人分)
鶏胸肉(皮なし)	80g
卵	1個
酒	大さじ1
レタス	3枚(50g)
きゅうり	½本(50g)
トマト	½個(100g)
A　めんつゆ(3倍濃縮)	大さじ2
水	¼カップ
酢	大さじ1
ごま油	小さじ1
そうめん(乾燥)	2束(100g)
白いりごま	小さじ1

❋ 作り方
1 鍋に鶏肉と卵を入れ、かぶるくらいの水(分量外)を入れ、酒を加えて15分ほどゆでる。粗熱が取れたら、鶏肉は薄切りに、ゆで卵は4等分に切る。
2 レタス、きゅうりはせん切りにし、トマトはくし形に切る。
3 Aを混ぜ合わせてたれを作る。
4 そうめんをゆで、流水で冷やしてざるに上げ、水けをきって器に盛る。
5 1、2を彩りよくのせ、3をかけて白いりごまをふる。

317 kcal　塩分3.8g

500kcalおすすめ献立
ヤングコーンのソース炒め(P92) ………… 34kcal
れんこんときゅうりのサラダ(P141) ………… 73kcal

116

ご飯・麺・パン

● そうめん ● うどん ● そば

カット野菜&缶詰で簡単に
サラダうどん

✻ 材料(2人分)

うどん(ゆで)	1と½玉(330g)
カット生野菜(レタス・パプリカなど)	1袋(50g)
プチトマト	6個
ツナ缶(ノンオイル)	1缶(80g)
ホールコーン缶	⅙缶(30g)
A めんつゆ(3倍濃縮タイプ)	大さじ2
A 水	½カップ
マヨネーズ	大さじ2

✻ 作り方

1 うどんはさっとゆで、流水で冷やしてざるに上げ、水けをきる。
2 生野菜を洗い、水けをきる。プチトマトは半分に切る。ツナ缶、コーン缶は汁けをきる。
3 **A**を混ぜ合わせる。
4 器にうどんを盛り、**2**を彩りよくのせて**A**をかけ、好みでマヨネーズをトッピングする。

329 kcal　塩分1.9g

豆腐と野菜をサイコロ形に切って楽しく
五色パラパラそば

✻ 材料(2人分)

そば(ゆで)	1と½袋(270g)
絹ごし豆腐	⅓丁(100g)
パプリカ(赤・黄)	各½個(各80g)
きゅうり	½本(50g)
めんつゆ(3倍濃縮)	大さじ1
ごま油	小さじ1
焼きのり	8つ切り1枚
A めんつゆ(3倍濃縮)	大さじ2
A 水	½カップ

✻ 作り方

1 そばはさっとゆで、冷水に取ってざるに上げ、水けをきる。
2 豆腐、パプリカは1cm角に、きゅうりは縦4等分にしてから1cm幅に切る。これらをボウルに合わせ、めんつゆ、ごま油を加えてあえる。
3 のりははさみで1cm角に切る。**A**を合わせておく。
4 器にそばを盛り、**2**をのせて**A**を回しかけ、のりを散らす。

280 kcal　塩分2.7g

納豆や卵黄をのせて混ぜて食べて
ぶっかけ納豆そば

✻ 材料(2人分)

そば(ゆで)	1と½袋(270g)
納豆	1パック(50g)
かまぼこ(紅白)	¼本(40g)
きゅうり	½本(50g)
削り節	適量
卵黄	2個分
A めんつゆ(3倍濃縮)	大さじ2
A 水	½カップ

✻ 作り方

1 そばはさっとゆで、冷水に取ってざるに上げ、水けをきる。
2 納豆は混ぜておく。かまぼこ、きゅうりはせん切りにする。
3 器にそばを盛り、**2**の納豆をのせ、まわりにかまぼこときゅうり、削り節をきれいにのせる。真ん中に卵黄をのせ、**A**を回しかける。

330 kcal　塩分2.3g

ツナ缶とトマトでケチャップを少量に
ナポリタン

❈ 材料(2人分)

玉ねぎ	½個(100g)
にんじん	⅕本(30g)
ピーマン	½個(10g)
しめじ	½パック(50g)
トマト	½個(100g)
スパゲティ(乾燥)	140g
マッシュルーム缶	1缶(80g)
ツナ缶(ノンオイル)	1缶(80g)
オリーブ油	小さじ1
塩	小さじ⅔
トマトケチャップ	小さじ1
黒こしょう	適量
粉チーズ	大さじ1

❈ 作り方

1 玉ねぎは薄切り、にんじんは1cm長さの短冊切りに、ピーマンはへたと種を除いてせん切りにする。しめじは石づきを落としてほぐす。トマトはざく切りにする。

2 鍋にたっぷりの湯を沸かし、塩大さじ1(分量外)を加え、スパゲティを堅めにゆでる。

3 2をゆでている間に、フライパンにオリーブ油を熱し、玉ねぎ、にんじんを炒める。さらにしめじ、缶汁をきったマッシュルーム缶、ツナ缶を缶汁ごと加えて炒め、汁けがなくなったら、ピーマン、トマトを入れて炒め合わせ、塩をふる。

4 3にゆでたスパゲティを加え、トマトケチャップ、黒こしょうを加えて混ぜる。器に盛って粉チーズをふる。

500kcalおすすめ献立

小松菜のナンプラー炒め(P70)	27kcal
コーンのチーズ焼き(P92)	87kcal

381 kcal　塩分2.4g

豆腐と豆乳で低カロリーなソースに
豆乳クリーミィスパゲティ

❈ 材料(2人分)

豆乳(無調整)	½カップ
絹ごし豆腐	⅙丁(50g)
鶏胸肉(皮なし)	60g
玉ねぎ	⅒個(20g)
しめじ	⅓パック(30g)
ほうれん草	⅕わ(40g)
スパゲティ(乾燥)	120g
にんにく(薄切り)	1かけ分
オリーブ油	小さじ2
みそ	小さじ1
塩・こしょう	各少々

❈ 作り方

1 豆腐は電子レンジで20秒加熱して水きりをし、1cm角に切る。

2 鶏肉は一口大に切る。玉ねぎは薄切り、しめじは小房に分け、ほうれん草はさっと洗って4cm長さに切る。

3 鍋にたっぷりの湯を沸かし、塩適量(分量外)を加え、スパゲティを堅めにゆでる。

4 フライパンににんにくとオリーブ油を入れて弱火にかけ、香りが出たら2を鶏肉、玉ねぎ、しめじ、ほうれん草の順に加えて炒め合わせる。

5 ボウルにゆでたスパゲティ、豆乳、みそを合わせて混ぜ、塩、こしょうで味をととのえる。1と4を加えてよくあえて器に盛る。

500kcalおすすめ献立

焼きしいたけとささみの梅肉あえ(P134)	65kcal
かぼちゃのとろ〜りチーズ(P141)	92kcal

352 kcal　塩分0.7g

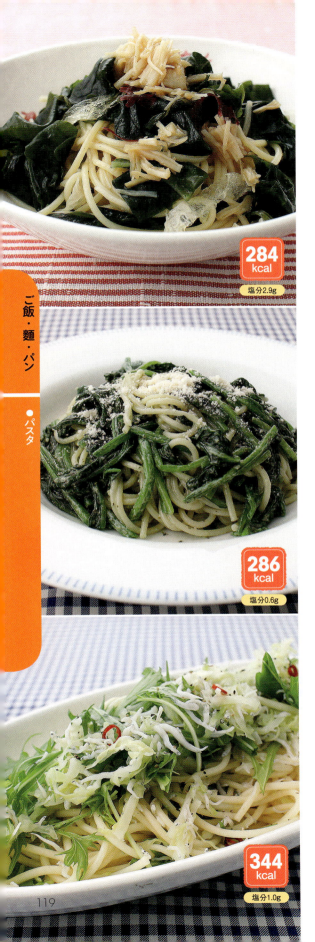

ご飯・麺・パン ● パスタ

海藻たっぷりで少量でも満腹!
帆立と海藻のパスタ

✳ 材料(2人分)

帆立貝柱水煮缶	50g
わかめ(乾燥)	5g
海藻ミックス(乾燥)	5g
スパゲティ(乾燥)	120g
オリーブ油	小さじ1
バター	小さじ1/2
しょうゆ	小さじ1
塩・こしょう	各少々

✳ 作り方

1 帆立は缶汁をきってほぐしておく。わかめ、海藻ミックスは水でもどし、食べやすい大きさに切る。

2 鍋にたっぷりの湯を沸かし、塩適量(分量外)を加え、スパゲティを堅めにゆでる。湯をきったら、オリーブ油をからめておく。

3 フライパンにバターを熱し、帆立を炒め、ゆでたスパゲティを加える。しょうゆ、塩、こしょうで味をととのえ、水けをきった1の海藻を加えてあえる。

284 kcal　塩分2.9g

緑いっぱいのシンプルパスタ
ほうれん草のバジルスパゲティ

✳ 材料(2人分)

ほうれん草	1/4わ(50g)
バジルペースト(市販品)	大さじ1
スパゲティ(乾燥)	120g
塩・こしょう	各少々
粉チーズ	適量

✳ 作り方

1 ほうれん草はゆでて4cm長さに切る。大きめのボウルに入れ、バジルペーストと混ぜ合わせておく。

2 鍋にたっぷりの湯を沸かし、塩適量(分量外)を加え、スパゲティをゆでる。

3 1のボウルにゆで上がったスパゲティ、塩、こしょうを加えてよくあえる。皿に盛り、粉チーズをふる。

286 kcal　塩分0.6g

たっぷりの具でパスタ少なめでも満足感
水菜としらすのスパゲティ

✳ 材料(2人分)

水菜	1株(100g)
キャベツ	4枚(60g)
にんにく	1かけ
赤唐辛子(輪切り)	1本分
オリーブ油	大さじ1
しらす干し	1/2カップ(60g)
スパゲティ(乾燥)	120g
塩・こしょう	各少々

✳ 作り方

1 水菜は根元を落として5cm長さに切り、水につけてパリッとさせ、ざるに上げて水けをきる。キャベツは5mm幅のせん切りにする。にんにくは大きめのみじん切りにする。

2 フライパンににんにく、赤唐辛子、オリーブ油を入れて弱火にかけ、香りが出たら、しらすを加えて炒める。ぱらぱらになったら、キャベツを加え、しんなりするまで炒める。

3 鍋にたっぷりの湯を沸かし、塩適量(分量外)を加え、スパゲティを堅めにゆでる。

4 2にゆでたスパゲティと少量のゆで汁を加えて混ぜる。塩、こしょうで調味して火を止め、水菜を加えてさっとあえる。

344 kcal　塩分1.0g

119

うなぎと野菜で栄養満点！
うなぎの
サラダスパゲティ

500kcalおすすめ献立
- つるむらさきのごまあえ(P129) ……… 82kcal
- かぼちゃのみそ煮(P42) ……… 56kcal

✱材料(2人分)
うなぎの蒲焼き	50g
レタス	2枚(30g)
きゅうり	½本(50g)
トマト	⅓個(70g)
貝割れ菜	⅓パック(30g)
スパゲティ(乾燥)	120g
A レモンの絞り汁	大さじ2
はちみつ	小さじ2
塩・こしょう	各少々
甜麺醤(テンメンジャン)	小さじ2

✱作り方
1　うなぎの蒲焼きは食べやすい大きさに切る。レタス、きゅうりはせん切りに、トマト、貝割れ菜は食べやすい大きさに切る。
2　鍋にたっぷりの湯を沸かし、塩適量(分量外)を加え、スパゲティを柔らかめにゆでる。冷水に取って、水けをきっておく。
3　Aを混ぜ合わせてたれを作り、2のスパゲティとあえる。器に盛り、1の具を彩りよくのせる。

335kcal 塩分2.0g

たらは網焼きにして香ばしく
白身魚とルッコラの
スパゲティ

✱材料(2人分)
たら	大1切れ(100g)
ルッコラ	20g
キャベツ	2枚(30g)
プチトマト	6個
にんにく	1かけ
スパゲティ(乾燥)	120g
オリーブ油	大さじ1
塩	小さじ½
こしょう	少々

✱作り方
1　たらは一口大に切り、熱した網で焼く。
2　ルッコラは5〜6cm長さに、キャベツは一口大に、プチトマトは半分に切る。にんにくはみじん切りにする。
3　鍋にたっぷりの湯を沸かし、塩適量(分量外)を加え、スパゲティを堅めにゆでる。
4　フライパンにオリーブ油、にんにくを入れて火にかける。香りが出たらキャベツを炒め、塩、こしょうで味をととのえる。
5　4にプチトマト、ゆでたスパゲティと少量のゆで汁を加え、さっと炒め合わせる。皿に盛り、たらとルッコラをのせる。

349kcal 塩分1.4g

500kcalおすすめ献立
- カリフラワーのオーロラあえ(P143) ……… 78kcal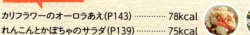
- れんこんとかぼちゃのサラダ(P139) ……… 75kcal

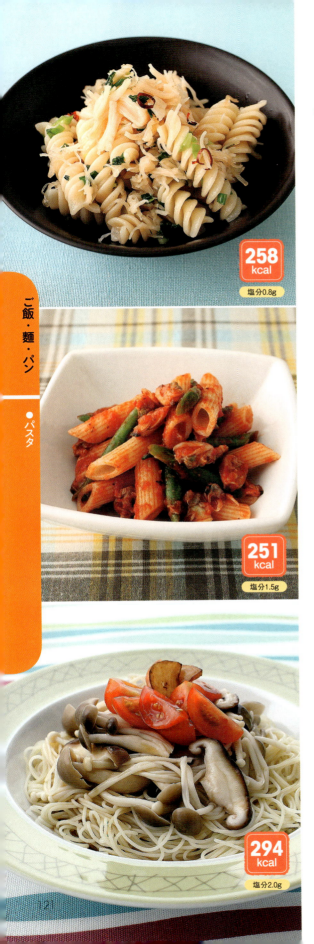

少量でも味がよくからむねじりパスタで
フジッリの帆立あえ

材料(2人分)

フジッリ	100g
帆立貝柱水煮缶	60g
万能ねぎ	4本
オリーブ油	小さじ2
赤唐辛子(輪切り)	少々

作り方

1 鍋に1ℓの湯を沸かし、塩小さじ2(分量外)を入れ、フジッリを袋の表示より1分短めにゆでる。

2 帆立は缶汁をきる。万能ねぎは小口切りにする。

3 フライパンにオリーブ油を熱し、帆立、赤唐辛子、万能ねぎをさっと炒める。湯をきったフジッリを加えてあえる。

258 kcal 塩分0.8g

パスタといんげんを一緒にゆでて手早く
ペンネのあさりトマトソースあえ

材料(2人分)

ペンネ	100g
いんげん	6本
トマトソース(市販品・パスタ用)	½カップ
あさり水煮缶	60g

作り方

1 鍋に1ℓの湯を沸かし、塩小さじ2(分量外)を入れ、ペンネを袋の表示より1分短めにゆでる。ゆで上がる1分ほど前にいんげんを入れ、ざるに取っていんげんは3cm長さに切る。

2 フライパンにトマトソースを入れて温め、缶汁をきったあさりを加えてさっと煮る。

3 2に湯をきったペンネ、いんげんを加えて全体をあえる。

251 kcal 塩分1.5g

どっさりきのこでボリュームアップ
きのこの和風冷製パスタ

材料(2人分)

生しいたけ	5個(50g)
えのきだけ	1パック(100g)
しめじ	1パック(100g)
プチトマト	4個
A めんつゆ(3倍濃縮)	大さじ2
A 酢	大さじ1と½
にんにく(薄切り)	1かけ分
オリーブ油	小さじ1
スパゲティ	120g

作り方

1 しいたけ、えのきだけ、しめじは石づきを落とし、食べやすい大きさに切って、さっとゆでる。ざるに上げて水けをきり、さましておく。

2 プチトマトを4等分に切り、大きめのボウルにAとともに合わせておく。

3 フライパンにオリーブ油とにんにくを入れて弱火にかけ、香りが出たら火を止めて、2のボウルに加える。1も加えてあえ、味をなじませる。

4 鍋にたっぷりの湯を沸かし、塩適量(分量外)を加え、スパゲティを柔らかめにゆでる。冷水に取って水けをきり、器に盛って3をかける。

294 kcal 塩分2.0g

ご飯・麺・パン / パスタ

米が原料のビーフンも使いこなして
簡単ビーフン

500kcalおすすめ献立
パプリカのきんぴら(P24)……………36kcal
ひじき煮入り卵焼き(P42)……………97kcal

✖ 材料(2人分)
ビーフン(乾燥)	80g
冷凍温野菜(にんじん・ブロッコリー・グリーンアスパラガスなど)	100g
シーフードミックス	100g
しょうが(みじん切り)	1かけ分
サラダ油	大さじ1
中華スープ	1カップ
酒・しょうゆ	各大さじ½
塩	小さじ¼
こしょう	少々

✖ 作り方
1 ビーフンは湯に浸して堅めにもどし、水洗いしてからざるに上げ、水けをきる。冷凍温野菜は解凍しておく。
2 フライパンに油を熱し、しょうがを炒める。香りが出たら、シーフードミックスを加えて炒め、さらに冷凍温野菜を入れて炒める。
3 2に中華スープ、酒、しょうゆ、ビーフンを加え、2〜3分炒め合わせ、塩、こしょうで味をととのえる。

307kcal 塩分1.8g

納豆をアレンジして栄養もアップ!
納豆焼きそば

✖ 材料(2人分)
納豆	1パック(50g)
ツナ缶(ノンオイル)	½缶(40g)
ブロッコリー	⅙株(50g)
キャベツ	1枚(15g)
にんじん	⅕本(30g)
玉ねぎ	½個(100g)
サラダ油	小さじ1
中華蒸し麺(焼きそば用)	1と½玉
ウスターソース	大さじ1と½
塩・こしょう	各少々

✖ 作り方
1 ツナ缶は缶汁をきる。ブロッコリーは小房に分け、さっとゆでる。キャベツはざく切りに、にんじんは1cm幅の短冊切りに、玉ねぎは薄切りにする。
2 フライパンに油を熱し、キャベツ、にんじん、玉ねぎを炒める。納豆、ブロッコリーを加えてさらに炒める。
3 にんじんに火が通ったら、中華麺をほぐしながら入れる。ツナ缶、ウスターソースを加えて炒め合わせ、塩、こしょうで味をととのえる。

303kcal 塩分1.9g

500kcalおすすめ献立
つるむらさきのごまあえ(P129)……………82kcal
焼き大学いも(P92)……………94kcal

ご飯・麺・パン
● ビーフン ● 焼きそば

オイスターソースで本格風味に
牛肉とチンゲン菜の焼きそば

❋ 材料(2人分)
- 牛もも薄切り肉 ……………… 60g
- チンゲン菜 …………………… 1株
- サラダ油 ………………… 小さじ2
- 中華蒸し麺(焼きそば用) …… 1玉
- A オイスターソース …… 大さじ1
-   酒 …………………… 小さじ2
- 塩・こしょう ……………… 各適量

❋ 作り方
1 牛肉は細切りにし、塩・こしょう各少々をふる。チンゲン菜は葉と茎に分け、葉は2cm長さのざく切りに、茎は半分の長さに切って縦に細切りにする。
2 フライパンに油を熱して牛肉を炒める。色が変わったらチンゲン菜の茎を加え、さらに炒め、葉を加えてさっと炒める。
3 2によくほぐした中華麺を加え、Aを回し入れて全体にからめる。塩・こしょう各少々で味をととのえる。

296 kcal 塩分1.9g

皮つきの鶏肉少量でうまみを出して
鶏肉の塩焼きそば

❋ 材料(2人分)
- 鶏もも肉 ……………………… 60g
- もやし …………………… ⅖袋(100g)
- ピーマン ……………………… 1個
- サラダ油 ………………… 小さじ2
- 中華蒸し麺(焼きそば用) …… 1玉
- 塩・こしょう ……………… 各適量

❋ 作り方
1 鶏肉は薄切りにし、塩・こしょう各少々をふる。もやしはひげ根を取る。ピーマンはへたと種を除き、細切りにする。
2 フライパンに油を熱し、鶏肉を炒める。色が変わったら、もやし、ピーマンを加えてさらに炒める。
3 よくほぐした中華麺を加え、塩・こしょう各少々で味をととのえる。

256 kcal 塩分0.8g

少ない麺でも卵でとじてボリューム感を
キャベツのオムそば

❋ 材料(2人分)
- 豚もも薄切り肉 ……………… 40g
- 塩・こしょう ………………… 各少々
- キャベツ ……………………… 1枚
- 卵 ……………………………… 2個
- 中華蒸し麺(焼きそば用) …… 3玉
- 紅しょうが …………………… 20g
- サラダ油 ………………… 小さじ2
- ウスターソース・オイスターソース ……………… 各小さじ2

❋ 作り方
1 豚肉は細切りにし、塩、こしょうをふる。キャベツは太めのせん切りにする。卵は溶きほぐしておく。
2 フライパンに油を熱し、豚肉を炒める。色が変わったらキャベツを加え、しんなりするまで炒める。
3 2によくほぐした中華麺、紅しょうがを加えてさらに炒める。ソースとオイスターソースで味をととのえ、溶き卵を回し入れてとじる。

322 kcal 塩分2.1g

腹持ちのいいベーグルで満足感を
きのこのオムレツサンド

✖ 材料(2人分)

ベーグル	2個
生しいたけ	2個
マッシュルーム	4個
卵	2個
塩・こしょう	各少々
粉チーズ	小さじ2
バター	小さじ2
サニーレタス	2枚
トマトケチャップ	適量

✖ 作り方

1　ベーグルは厚みを半分に切る。しいたけは軸を除いて、粗みじん切りにする。マッシュルームは石づきを取り、粗みじん切りにする。
2　卵は溶きほぐし、塩、こしょう、粉チーズを加えて混ぜる。
3　フライパンにバターを熱し、しいたけ、マッシュルームを炒める。2の卵液を回し入れ、オムレツ状にまとめる。
4　1のベーグルの下半分にサニーレタス、3をのせて、好みでケチャップをかけてはさむ。

500kcalおすすめ献立
ヘルシーラタトゥイユ(P137) 84kcal
さつまいものカレー風味茶きん(P92) 71kcal

328 kcal
塩分1.6g

バターを使わずカロリーを抑えて
照り焼きチキンドッグ

✖ 材料(2人分)

鶏もも肉	100g
A　しょうゆ・みりん	各小さじ2
きゅうり	⅔本
サラダ油	小さじ1
ホットドッグ用パン	2個
B　マヨネーズ	小さじ2
粒マスタード	小さじ1

✖ 作り方

1　鶏肉はAに漬けておく。きゅうりは斜め薄切りにする。Bは混ぜ合わせる。
2　フライパンに油を熱し、1の鶏肉をこんがりと焼き、粗熱が取れたら、そぎ切りにする。
3　パンの中心に切り込みを入れ、Bを塗って2ときゅうりをはさむ。

500kcalおすすめ献立
青菜のキッシュ風(P142) 190kcal
大根と帆立のマヨあえ(P144) 44kcal

163 kcal
塩分0.8g

のりとチーズは意外とパンに合う!
のりチーズロール

材料(2人分)
- サンドイッチ用パン　4枚
- マヨネーズ　小さじ2
- 焼きのり　全型2枚
- スライスチーズ　4枚

作り方
1. パンにマヨネーズを薄く塗る。
2. 1にのり、チーズを等分にのせて、くるくるとロール状に巻く。ピックを刺してとめ、食べやすく切って器に盛る。

240 kcal　塩分1.5g

味がしみたキャベツもおいしい!
キャベツとツナの
カレー炒めドッグ

材料(2人分)
- キャベツ　2枚(100g)
- ツナ缶(ノンオイル)　160g
- バター　小さじ2
- 塩・粗びき黒こしょう　各少々
- ホットドッグ用パン　2個

作り方
1. キャベツはせん切りにする。ツナ缶は缶汁をきっておく。
2. フライパンにバターを熱し、キャベツを炒める。しんなりとしたらツナを加えてさらに炒め、塩、黒こしょうをふる。
3. パンの中心に切り込みを入れ、2をはさむ。

288 kcal　塩分1.5g

かみごたえのあるバゲットで満腹感を
ビーフサンド

材料(2人分)
- バゲット　12cm分
- 牛もも薄切り肉　100g
- 塩・こしょう　各少々
- バター　小さじ2
- サラダ菜　4枚

作り方
1. バゲットは¼に切り、それぞれ中心に切り込みを入れる。
2. 牛肉は塩、こしょうをふる。フライパンにバターを熱し、牛肉をこんがりと炒める。
3. 1にサラダ菜と2をはさむ。

307 kcal　塩分1.4g

ご飯・麺・パン
● サンドイッチ
● ホットドッグ

> 色で選ぶ!
> 献立お助け
> 副菜

黒のおかず

じつは黒の食材は、不足しがちな食物繊維やミネラルを豊富に含むものばかり。
積極的に毎日の食卓にプラス!

＊材料の分量はすべて2人分です。

32 kcal　塩分0.4g

コリコリの食感を楽しんで
きくらげのごま油炒め

✖ 材料と作り方
1　きくらげ12枚をぬるま湯でもどし、食べやすい大きさに切る。
2　フライパンにごま油小さじ1、長ねぎのみじん切り・しょうがのみじん切り各小さじ2を熱し、1を加えて炒める。しょうゆ小さじ1を回しかける。

36 kcal　塩分0.4g

コクのある甘辛みそ味
なすの炒め煮

✖ 材料と作り方
1　なす1個はへたを取り、一口大に切る。
2　フライパンにサラダ油小さじ1を熱し、なすを炒める。みそ・みりん各小さじ1をよく混ぜてから加え、炒め煮にする。

30 kcal　塩分0.4g

繊維質と鉄分の補給に
ひじきとパプリカの
ごま油炒め

✖ 材料と作り方
1　ひじき(乾燥)10gをぬるま湯でもどす。パプリカ(赤)¼個はへたと種を取り、薄切りにする。
2　フライパンにごま油小さじ1を熱し、水けをきったひじき、パプリカを炒め合わせ、塩・こしょう各適量で味をととのえる。

87 kcal　塩分0.5g

市販の黒豆煮をアレンジ
黒豆の紅茶漬け

✖ 材料と作り方
1　濃いめにいれた紅茶大さじ4をボウルに入れる。
2　黒豆の甘煮(市販品)60gを1に漬け込み、そのまましばらくおいて味をなじませる。

46 kcal　塩分0.4g

甘辛味のごまをからめて
里いものごまよごし

✖ 材料と作り方
1　里いも2個は皮をむいてラップで包み、電子レンジで1分～1分30秒加熱してつぶす。
2　ボウルに黒すりごま小さじ2、砂糖・しょうゆ各小さじ1を混ぜ合わせ、1を加えてあえる。

70 kcal　塩分1.8g

繊維不足の解消におすすめ
切り昆布の明太あえ

✖ 材料と作り方
1　切り昆布(乾燥)10gを水でもどし、食べやすい長さに切る。
2　明太子1腹は薄皮から身をこそげ出し、酒大さじ1と⅓、みりん小さじ2を合わせてのばす。
3　フライパンにごま油小さじ1を熱し、切り昆布を炒めて2であえる。

part7

組み合わせ自由自在!
小さなおかずの和風・洋風バリエ

野菜を中心にこんにゃく、乾物、缶詰などで
手軽に作れる小さなおかずをずらりとご紹介!
メインおかずに合わせて、和風、洋風と組み合わせれば
らくらく低カロリー献立ができ上がりますよ。

ほっくり長いもがやさしい口あたり

長いもの野菜あんかけ

171
kcal
塩分1.7g

材料(2人分)

長いも		⅔本(300g)
玉ねぎ		¼個(50g)
にんじん		⅕本(30g)
生しいたけ		2個(20g)
A	だし汁	1カップ
	酒	大さじ1
	みりん	大さじ1
	しょうゆ	大さじ1
B	酒	小さじ2
	しょうゆ	小さじ2
	砂糖	小さじ2
酢		小さじ2
水・片栗粉		各小さじ1

作り方

1 長いもは皮をむき、3㎝厚さの輪切りにし、酢水(分量外)につけて水けをきる。
2 玉ねぎは薄切り、にんじんはせん切りに、しいたけは石づきを落として薄切りにする。
3 鍋に**A**を合わせて煮立て、**1**を並べ入れ、落としぶたをして柔らかくなるまで煮る。
4 別の鍋に**2**と**B**を入れ、2〜3分煮てから酢を入れてひと煮立ちさせ、水で溶いた片栗粉でとろみをつける。
5 **3**を器に盛り、**4**をかける。

麩にからめることで卵を控えめに

フーチャンプル

65
kcal
塩分0.7g

材料(2人分)

車麩	20g
にんじん	1㎝(10g)
にら	⅒わ(10g)
卵	⅓個分
和風だし(粉末)	小さじ⅓
サラダ油	小さじ½
もやし	⅕袋(40g)
しょうゆ	小さじ1
塩	少々

作り方

1 車麩は水に浸してもどし、両手で押すように水けを絞り、食べやすい大きさに切る。
2 にんじんはせん切り、にらは5㎝長さに切る。
3 卵を和風だしと合わせて溶きほぐし、**1**にからめて、油を熱したフライパンで焼いて取り出す。
4 同じフライパンで**2**、もやしを炒める。**3**を戻し入れ、しょうゆ、塩で調味する。

こんにゃくで食感とボリュームをプラス

こんにゃく入りのし鶏

151
kcal
塩分1.2g

材料(2人分)

こんにゃく(白)		⅕枚(50g)
鶏ひき肉		100g
A	みそ	大さじ½
	砂糖	小さじ2
	塩	小さじ⅕
	酒	大さじ1
	片栗粉	小さじ2
	卵	小½個分
サラダ油		適量
青のり		適量

作り方

1 こんにゃくはさっとゆでてみじん切りにし、ざるに上げて水けをきる。
2 ひき肉と**1**、**A**を合わせ、よく練り混ぜる。
3 クッキングシートに薄く油を塗り、**2**を約1㎝厚さの四角形に広げる。
4 オーブントースターを「弱」で予熱し、**3**を入れる。透き通った肉汁が出るまで10〜15分焼く。
5 粗熱が取れたら、食べやすく切って器に盛り、青のりをふる。

こんにゃくをこってり味に
ソースこんにゃく

✖ 材料(2人分)
こんにゃく	¾枚(180g)
しめじ	1パック(100g)
ベーコン	1枚
サラダ油	小さじ1
A ウスターソース・酒	各大さじ1
水	½カップ

✖ 作り方
1 こんにゃくは食べやすい大きさにちぎり、下ゆでする。しめじは石づきを落としてほぐす。ベーコンは1㎝幅に切る。
2 フライパンに油を熱し、ベーコンを炒める。こげ目がついたら、こんにゃく、しめじを加えて炒め合わせる。
3 Aを加え、汁けがなくなるまで煮る。

卵を加えて栄養価アップ!
オニオンスライスの卵あえ

✖ 材料(2人分)
玉ねぎ	¾個(150g)
万能ねぎ	適量
うずらの卵	2個
削り節・しょうゆ	各適量

✖ 作り方
1 玉ねぎは薄切りにして、冷水に浸しておく。万能ねぎは小口切りにする。
2 玉ねぎの水けをきって器に盛り、中央にうずらの卵を割り、削り節をかける。万能ねぎを散らし、しょうゆをかけていただく。

小さなおかず ●和風

81 kcal
塩分0.9g

71 kcal
塩分1.4g

82 kcal
塩分0.7g

85 kcal
塩分1.2g

ビタミン豊富なつるむらさきで一品
つるむらさきのごまあえ

✖ 材料(2人分)
つるむらさき	1わ(200g)
しょうゆ	大さじ½
砂糖	小さじ1
練りごま(白)	大さじ1と⅓

✖ 作り方
1 つるむらさきは水で洗い、熱湯で1分ほどゆでる。冷水に取り、茎をそろえて水けを絞り、4㎝長さに切る。
2 小さめのボウルに、しょうゆ、砂糖を合わせて混ぜ、練りごまを加えてさらに混ぜる。
3 1を器に盛り、2をかけて、あえながらいただく。

繊維質とミネラルが満点!
ひじきのポン酢あえ

✖ 材料(2人分)
ひじき(乾燥)	10g
ブロッコリー	6房(90g)
絹さや	16枚
ハム	1枚
ポン酢じょうゆ	大さじ1
マヨネーズ	大さじ1

✖ 作り方
1 ひじきは水でもどし、さっと熱湯に通す。ブロッコリー、筋を取った絹さやを一緒にゆでる。それぞれ水けをきる。ハムは横半分にして、1㎝幅に切る。
2 ひじきにポン酢じょうゆの半量を混ぜて下味をつける。
3 2にブロッコリー、絹さや、ハム、残りのポン酢じょうゆ、マヨネーズを加えてあえる。

砂肝は鉄分補給にもおすすめ
砂肝としし とう炒め

材料(2人分)

砂肝	150g
サラダ油	大さじ1
酒	大さじ1と½
しょうゆ	大さじ1
ししとう	½パック(50g)
レモンの絞り汁	大さじ1と½
粗びき黒こしょう	適量

作り方

1　砂肝はそれぞれ半分に切る。
2　フライパンに油を熱して**1**を炒め、酒を加えて強火でからめる。汁けがなくなってきたら、しょうゆを加えてさらに炒める。
3　再び汁けがなくなったら、竹串で穴をあけたししとうをさっと炒め合わせ、レモン汁と黒こしょうをふる。

161 kcal　塩分1.4g

簡単なのにクセになる味わい
卵のしょうゆ煮

材料(作りやすい分量・3人分)

卵	3個
めんつゆ(3倍濃縮タイプ)	¼カップ
水	½カップ

作り方

1　鍋に卵とかぶるくらいの水(分量外)を入れて火にかけ、12分ゆでる。ゆで上がったら、殻をむく。
2　別の鍋にめんつゆ、分量の水を入れて煮立て、**1**のゆで卵を入れてそのままさます。
3　食べやすい大きさに切って器に盛る。

76 kcal　塩分0.3g

卵1個でも甘辛みそで食べごたえが
そぼろ卵

材料(2人分)

卵		2個
A	みそ	小さじ½
	みりん	小さじ1
万能ねぎ		2本

作り方

1　万能ねぎは小口切りにする。**A**は混ぜ合わせておく。
2　ボウルに卵を溶きほぐし、**A**を加えて混ぜ合わせる。
3　フライパンを熱し、**2**を入れて菜箸3〜4本を使ってかき混ぜ、そぼろ状にする。万能ねぎを加えて混ぜ合わせる。

83 kcal　塩分0.4g

ころころ見た目も楽しい
里いも田楽

材料(2人分)

里いも	8個(160g)
塩	少々
A 赤みそ・砂糖	各大さじ1
A 酒	大さじ½
A 長ねぎ(みじん切り)	大さじ1
削り節	適量

作り方

1 里いもは皮をむき、塩でもんでぬめりを取り、ゆでる。
2 **A**を混ぜ合わせる。
3 里いもを器に並べ、**2**をのせて削り節を散らす。

冷凍根菜で下ごしらえをラクに
簡単きんぴら

材料(2人分)

冷凍ごぼう・にんじんミックス	130g
ちくわ	¼本
赤唐辛子	1本
A だし汁	½カップ
A 酒・しょうゆ	各大さじ1
A みりん・砂糖	各小さじ1
ごま油	小さじ½

作り方

1 ちくわは縦半分に切り、半月の薄切りにする。赤唐辛子は小口切りにする。**A**を合わせておく。
2 フライパンにごま油を中火で熱し、赤唐辛子を加える。冷凍ごぼう・にんじんミックスを入れ、しんなりするまで炒める。
3 ちくわと**A**を加え、弱火で煮る。汁けが飛んだら全体をひと混ぜする。

95 kcal　塩分0.8g

83 kcal　塩分1.5g

85 kcal　塩分1.5g

83 kcal　塩分1.1g

小さなおかず ●和風

砂肝をしっかりかんで食べすぎを予防
砂肝のポン酢あえ

材料(2人分)

砂肝	150g
長ねぎ	¼本(30g)
青じそ	2枚
ポン酢じょうゆ	大さじ2

作り方

1 砂肝を20分ほどゆで、ざるに上げて水けをきる。粗熱が取れたら、3～5mm厚さの薄切りにする。
2 長ねぎは小口切りに、青じそはせん切りにする。
3 **1**と長ねぎを混ぜ合わせて器に盛り、青じそをのせる。ポン酢じょうゆをかけていただく。

桜えびで風味も栄養価もアップ
大豆のみぞれあえ

材料(2人分)

ブロッコリー	5房(75g)
しょうが	適量
大根	⅕本(200g)
大豆(水煮)	60g
桜えび	大さじ2
A だし汁	大さじ1と½
A 酢	大さじ1
A しょうゆ・塩	各小さじ¼
A 砂糖	大さじ¼

作り方

1 ブロッコリーは塩(分量外)を加えた熱湯でゆで、一口大に切る。しょうがはせん切りにする。**A**に混ぜ合わせておく。
2 食べる直前に大根をすりおろし、水けをきった大豆、ブロッコリー、桜えび、しょうがと合わせて、**A**であえる。

玉ねぎの甘みで砂糖なしに
ひき肉の卵焼き

✗ 材料（2人分）

卵	2個
牛ひき肉	25g
玉ねぎ	25g
しょうゆ	小さじ½
サラダ油	小さじ2

✗ 作り方

1 玉ねぎはみじん切りにする。
2 フライパンにサラダ油小さじ1を熱し、玉ねぎを炒める。透き通ったら、ひき肉を加え、ポロポロになるまで炒めて冷ます。
3 ボウルに卵を溶きほぐし、2、しょうゆを加えてよく混ぜる。
4 卵焼き器にサラダ油小さじ1を熱し、3の⅓量を流し入れ、手前から向こう側に巻く。これを2回くり返して卵焼きを作る。粗熱が取れたら、食べやすく切る。

128 kcal
塩分0.4g

ささみで作るおつまみカツ
ごぼうみそカツ

✗ 材料（2人分）

ささみ	60g
ごぼう	3cm(10g)
にんじん	少々
A みそ	大さじ½
砂糖	小さじ½
みりん	小さじ⅓
水	大さじ2
小麦粉	小さじ1
溶き卵・パン粉	各適量
揚げ油	適量
青じそ	2枚

✗ 作り方

1 ささみは縦に切り目を入れて開く。ごぼう、にんじんはみじん切りにする。
2 鍋にAを合わせ、ごぼう、にんじんを加えて、汁けがなくなるまで煮つめる。
3 2を冷まし、ささみにはさむ。小麦粉、溶き卵、パン粉の順につけ、180℃に熱した揚げ油でカラリと揚げる。
4 器に青じそを敷き、3を半分に切って盛る。

139 kcal
塩分0.6g

落としぶたをして味をしみ込ませて
牛肉じゃが

✗ 材料（2人分）

じゃがいも	中1個
牛こま切れ肉	60g
結びしらたき	2個
にんじん	6cm
だし汁	⅔カップ
砂糖・みりん・しょうゆ	各小さじ2

✗ 作り方

1 じゃがいもは食べやすい大きさに切る。にんじんは乱切りにする。
2 鍋にだし汁、じゃがいも、しらたき、にんじんを入れて火にかける。煮立ったら、牛肉を加える。
3 2に砂糖、みりんを加え、砂糖が溶けたらしょうゆを加える。落としぶたをして汁けが少なくなるまで煮る。

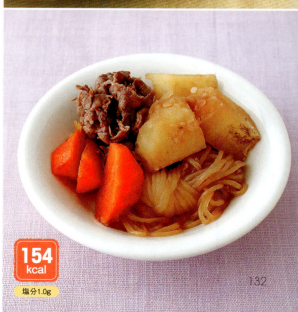

154 kcal
塩分1.0g

132

市販のなめたけを活用!
なめたけ&万能ねぎ入り卵焼き

✖ 材料(2人分)
- 卵 ………………………… 2個
- A ┃ だし汁 ………… 小さじ1
　　┃ しょうゆ・みりん
　　┃ ………………… 各小さじ½
- なめたけ(市販品) ……… 20g
- 万能ねぎ ………………… 2本
- サラダ油 ………………… 適量

✖ 作り方
1. 万能ねぎは小口切りにする。
2. ボウルに卵を溶きほぐし、A、なめたけ、万能ねぎを加えて混ぜ合わせる。
3. 卵焼き器に油を熱し、2の⅓量を流し入れ、手前から向こう側に巻く。これを2回くり返して卵焼きを作る。粗熱が取れたら切り分ける。

低脂肪の豚もも肉で低カロリーに
エリンギの辛味みそがけ

✖ 材料(2人分)
- エリンギ …………… 3本(120g)
- 豚もも肉 ………………… 40g
- A ┃ 水 ……………… ¾カップ
　　┃ 豆板醤 ………… 小さじ1
　　┃ みそ …………… 大さじ½
　　┃ しょうゆ ……… 小さじ½
　　┃ 砂糖 …………… 小さじ1
　　┃ 酒 ……………… 大さじ1
- しょうが(みじん切り) … 1かけ分
- 長ねぎ(みじん切り) …… ⅓本分
- 七味唐辛子 ……………… 適量

✖ 作り方
1. エリンギは手で細長く裂く。豚肉はひき肉状になるまで包丁でたたく。
2. エリンギをフライパンでからいりし、七味唐辛子をふる。
3. 鍋にAを合わせて火にかけ、煮立ったら1の豚肉を加え、ほぐしながら火を通す。しょうが、長ねぎを加え、汁けがなくなるまで煮たら、七味唐辛子を加える。
4. 器に2と3を盛りつける。

89 kcal
塩分0.9g

83 kcal
塩分1.9g

22 kcal
塩分0.5g

87 kcal
塩分1.9g

もう一品というときに簡単
はんぺんと三つ葉のあえもの

✖ 材料(2人分)
- はんぺん ………………… ½枚
- 三つ葉 …………………… 10本
- すし酢(市販品) ……… 小さじ2

✖ 作り方
1. はんぺんは小さめの乱切りにする。鍋に湯を沸かし、三つ葉をさっとゆでて刻む。
2. ボウルに1、すし酢を合わせてあえる。

繊維補給にぴったり
たたきごぼう

✖ 材料(2人分)
- ごぼう …………… ½本(100g)
- きゅうり ………… ½本(50g)
- 塩 ………………………… 少々
- 中華ノンオイルドレッシング
  (市販品) …………… 大さじ3

✖ 作り方
1. ごぼうは皮をこそげ、食べやすい長さに切り、柔らかくなるまでゆでる。ざるに上げ、ビニール袋に入れてめん棒でたたいて細かくする。
2. きゅうりは縦半分に切り、斜め薄切りにする。塩をふり、水けを絞って1と合わせ、ドレッシングであえる。

グリルで焼くひと手間で香ばしく
焼きしいたけとささみの梅肉あえ

❋ 材料(2人分)
生しいたけ	6個
ささみ	2本
塩・こしょう・酒	各少々
梅干し	2個
みりん	小さじ2
しょうゆ	少々

❋ 作り方
1 しいたけは石づきを取り、魚焼きグリルでこげ目がつくまで焼く。
2 ささみに塩、こしょう、酒をふる。耐熱皿に入れてラップをふんわりとかけ、電子レンジで1〜2分加熱する。梅干しは種を取り、包丁でたたく。
3 しいたけ、ささみを食べやすい大きさに手で裂く。
4 2の梅干し、みりん、しょうゆを合わせ、3を加えてあえる。

65 kcal 塩分1.8g

鶏は低脂肪な胸肉を使って
まいたけと鶏肉、ちくわの煮もの

❋ 材料(2人分)
まいたけ	½パック
鶏胸肉	100g
ちくわ	1本
サラダ油	小さじ2
だし汁	⅔カップ
しょうゆ・みりん	各小さじ2

❋ 作り方
1 まいたけは石づきを落としてほぐす。鶏肉はそぎ切りにする。ちくわは乱切りにする。
2 鍋に油を熱し、鶏肉、ちくわを炒める。
3 肉の色が変わったら、まいたけ、だし汁、しょうゆ、みりんを加えて煮る。

159 kcal 塩分1.1g

さけは小麦粉をまぶしてカリカリに
しめじとさけの炒めもの

❋ 材料(2人分)
しめじ	½パック
生ざけ	1と⅓切れ
塩・こしょう	各少々
小麦粉	少々
オリーブ油	小さじ2
しょうゆ	小さじ2

❋ 作り方
1 しめじは石づきを落としてほぐす。さけは食べやすい大きさにそぎ切りにし、塩、こしょうをふって、小麦粉をまぶす。
2 フライパンにオリーブ油を熱し、1のさけを焼く。色が変わったら、しめじを加えて炒め合わせ、しょうゆを回しかける。

156 kcal 塩分1.4g

ていねいに作りたい繊細な一品
じゃがいもまんじゅう

80 kcal
塩分2.3g

材料（2人分）

じゃがいも	⅔個(60g)
片栗粉	小さじ½
干ししいたけ	1枚
にんじん・しょうが	各少々
鶏ひき肉	20g
A しょうゆ	大さじ1
A みりん	小さじ1
B だし汁	¾カップ
B しょうゆ	小さじ1
B 塩	小さじ⅕
B みりん	小さじ1
水溶き片栗粉	小さじ⅓
万能ねぎ(小口切り)	適量

作り方

1　じゃがいもは皮をむいて6つに切り、ゆでる。熱いうちにつぶし、片栗粉を加えてなめらかにのばす。
2　干ししいたけは水½カップでもどし、もどし汁は取っておく。にんじん、しょうがはみじん切りにする。
3　フライパンを熱し、にんじん、しょうが、ひき肉を炒める。肉の色が変わったらAを加えて混ぜる。
4　ラップに1の半量を広げ、干ししいたけと3を半量ずつのせて茶きん絞りにする。同様にもう1個作り、電子レンジで4分加熱し、器に盛る。
5　鍋に干ししいたけのもどし汁、Bを合わせて火にかけ、水溶き片栗粉でとろみをつける。4にかけ、万能ねぎを散らす。

火の通りが早いからさっと煮るだけ
まいたけと油揚げの煮もの

39 kcal
塩分0.5g

材料（2人分）

まいたけ	½パック
油揚げ	½枚
サラダ油	適量
だし汁	½カップ
しょうゆ・みりん	各小さじ1

作り方

1　まいたけは石づきを落としてほぐす。油揚げは湯を回しかけて油ぬきし、短冊切りにする。
2　鍋に油を熱し、1を炒める。だし汁、しょうゆ、みりんを加えて煮る。

花形にぬくとかわいい！
にんじんの梅煮

21 kcal
塩分0.9g

材料（2人分）

にんじん	6cm
だし汁	¾カップ
梅肉	2個分
しょうゆ・みりん	各小さじ1

作り方

1　にんじんは5等分に輪切りにし、型でぬく。
2　1を鍋に入れ、だし汁をひたひたに注ぐ。梅肉、しょうゆ、みりんも入れ、落としぶたをして、にんじんが柔らかくなるまで煮る。

子どもも好きなコーン風味に
ブロッコリーの
コーンクリームがけ

✖ 材料(2人分)

ブロッコリー	½株(130g)
カリフラワー	¼株(60g)
ロースハム	2枚(30g)
コーンクリーム缶	½缶(100g)

✖ 作り方

1　ブロッコリー、カリフラワーは小房に分け、塩ゆでする。ハムは一口大に切る。
2　コーンクリーム缶を耐熱容器に入れ、電子レンジで1分加熱する。
3　1を器に盛り、2をかける。

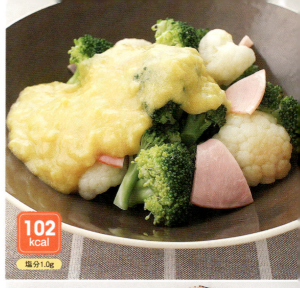

102 kcal　塩分1.0g

野菜を重ねたオードブル
野菜ピカタ

✖ 材料(2人分)

れんこん	½節(90g)
にんじん	⅔本(100g)
キャベツ	4枚(60g)
めんつゆ(3倍濃縮)	大さじ1
卵	1個
塩・こしょう	各少々
小麦粉	大さじ½
サラダ油	適量

✖ 作り方

1　れんこんは2～3mm厚さに切る。にんじんは縦に薄く切る。
2　にんじん、キャベツをゆで、キャベツは4～5cm幅に切って、めんつゆをかけて下味をつける。
3　れんこん→にんじん→キャベツ→にんじん→れんこんの順に重ねる。
4　卵を割りほぐし、塩、こしょう、小麦粉を加えて混ぜる。オーブントースターの天板に油を薄く塗って3を並べ、ひとつずつ溶き卵をかけ、焼き色がつくまで焼く。

87 kcal　塩分1.2g

レタスで巻くのもおすすめ
野菜たっぷりチャプチェ

✖ 材料(2人分)

パプリカ(赤・黄)	各⅕個(各30g)
キャベツ	2枚(30g)
にんじん	⅕本(30g)
生しいたけ	2個(20g)
にら	⅕わ(20g)
春雨(もどす)	100g
ごま油	小さじ2
おろしにんにく	大さじ1
豚ひき肉(赤身)	50g
A しょうゆ・みりん	各大さじ2
砂糖・酒	各大さじ1
水	¼カップ
こしょう	少々
白すりごま	大さじ1

✖ 作り方

1　パプリカ、キャベツ、にんじんはせん切りに、しいたけは薄切りにする。
2　にらは3cm長さに、春雨は食べやすく切る。
3　フライパンにごま油を熱し、おろしにんにく、ひき肉を炒める。火が通ったら1を加えて炒め、全体が混ざったらAを加え、さらに炒める。
4　3に2を加えて炒め合わせ、こしょう、白すりごまをふる。

278 kcal　塩分2.9g

84 kcal 塩分0.9g

油を使わず炒めて蒸し煮に
ヘルシーラタトゥイユ

✖ 材料(2人分)
ベーコン	1枚
にんにく	½かけ
玉ねぎ	½個(100g)
なす	2個(240g)
トマト	⅔個(130g)
ピーマン	½個(10g)
パプリカ(黄)	⅙個(30g)
塩	小さじ¼
こしょう・タバスコ	各少々

✖ 作り方
1　ベーコンは1cm幅に、にんにくは薄切りにする。玉ねぎ、なす、トマト、ピーマン、パプリカは大きめの角切りにする。なすは水にさらしておく。
2　フッ素樹脂加工の鍋を火にかけ、ベーコン、にんにくを入れ、こげ目がついたら玉ねぎを炒める。水けをきったなすを加えて炒め、パプリカ、トマトを加えたら塩をふる。
3　なすがしんなりしたらピーマンを加え、ふたをして蒸し煮にする。こしょう、タバスコをふる。

小さなおかず ● 洋風

じゃがいもをカリッとさせて
トマトのじゃがいもはさみ焼き

113 kcal 塩分1.2g

✖ 材料(2人分)
じゃがいも	½個(50g)
トマト	½個(100g)
バジル	8枚
スライスチーズ(溶けるタイプ)	2枚(40g)
塩	小さじ¼
こしょう	少々
サラダ油	小さじ½

✖ 作り方
1　じゃがいもは8枚に薄く切り、5分水にさらす。トマトは4枚に薄く切る。それぞれ塩、こしょうをふる。チーズは4等分に切る。
2　じゃがいも→バジル→チーズ→トマト→チーズ→バジル→じゃがいもの順に重ねる。
3　フライパンに油を熱し、**2**を焼く。

れんこん＋ヨーグルトで整腸にも!
れんこんサラダ

✖ 材料(2人分)
れんこん	⅓節(60g)
スナップえんどう	4本(30g)
トマト	⅓個(60g)
サニーレタス	1枚(20g)
ホールコーン缶	20g
A　マヨネーズ	小さじ1
プレーンヨーグルト	小さじ2
塩・こしょう	各少々

73 kcal 塩分0.6g

✖ 作り方
1　れんこんは5mm幅のいちょう切り、スナップえんどうは筋を取って半分に切り、それぞれゆでる。
2　トマトは1cm角に切り、レタスは食べやすくちぎる。
3　器にサニーレタスを広げ、**1**、トマト、コーンを盛りつけ、混ぜ合わせた**A**をかける。

朝食にもおすすめ
卵のココット風

✖ 材料(2人分)

卵	2個
ブロッコリー	2〜4房
ホールコーン缶	大さじ2
サラダ油	少々
塩・粗びき黒こしょう	各少々

✖ 作り方

1 ブロッコリーは塩少々(分量外)を入れた熱湯でゆでる。ざるに取って水けをきり、小さく切る。
2 アルミカップまたはココット皿に油を薄く塗り、ブロッコリー、コーンを均等に入れて卵を割り入れる。
3 塩、黒こしょうをふり、オーブントースターで様子を見ながら黄身に火が通るまで焼く。

116 kcal 塩分0.5g

卵焼きより簡単でかわいい!
スクランブルきんちゃく

✖ 材料(2人分)

卵	2個
牛乳	小さじ2
塩・こしょう	各少々
バター	小さじ2
トマトケチャップ	少々

✖ 作り方

1 ボウルに卵を溶きほぐし、牛乳、塩、こしょうを加えて混ぜ合わせる。
2 フライパンを熱し、バターを入れて溶かす。1を流し入れて、大きくかき混ぜながら火を通す。
3 スクランブルエッグ状になったら、半量ずつ広げたラップにあけて包み、丸いきんちゃく形に整える。
4 ラップをはずして器にのせ、好みでケチャップをかける。

109 kcal 塩分0.6g

春菊のほか、小松菜などでも
青菜のチヂミ

✖ 材料(2人分)

春菊	80g
あさり水煮缶	40g
卵	2個
糸唐辛子(あれば)	少々
片栗粉または上新粉	大さじ2
ごま油	小さじ2

✖ 作り方

1 春菊は4cm長さに切る。あさりは缶汁をきっておく。卵はボウルに溶きほぐし、あれば糸唐辛子を混ぜ合わせる。
2 1の春菊、あさりに片栗粉または上新粉をまぶす。
3 2に1の卵液をからめ、ごま油を熱したフライパンに入れて、両面を色よく焼く。食べやすく切って器に盛る。

177 kcal 塩分0.5g

小さなおかず ●洋風

豆腐でマヨソースも低カロリーに
焼き野菜の豆腐マヨ添え

材料(2人分)
なす	1個(120g)
ズッキーニ	⅓本(70g)
かぼちゃ	60g
木綿豆腐	⅕丁(60g)
みそ	小さじ½
塩	少々
はちみつ	小さじ1
豆乳	大さじ1

作り方
1 なす、ズッキーニ、かぼちゃは食べやすい大きさに切り、魚焼きグリルでこげ目がつくまで焼く。
2 豆腐は水きりをして、みそ、塩、はちみつとともにフードプロセッサーに入れて混ぜ、豆乳でのばす。
3 1を皿に盛り、2を添えてつけながらいただく。

74 kcal　塩分0.7g

黒酢ドレッシングでコクをプラス
れんこんとかぼちゃのサラダ

材料(2人分)
リーフレタス	4枚(80g)
れんこん	⅓節(60g)
かぼちゃ	60g
A 黒酢	大さじ1
砂糖	小さじ1
水	大さじ2
しょうゆ	小さじ½
長ねぎ(みじん切り)	大さじ1
しょうが(みじん切り)	小さじ1
塩	少々

作り方
1 レタスは洗って、食べやすい大きさにちぎる。
2 れんこんは1cm幅の半月切りに、かぼちゃは5mm幅に切り、それぞれ電子レンジで4分ほど加熱する。
3 1と2を器に盛り、よく混ぜ合わせたAをかける。

75 kcal　塩分0.7g

ほんのり甘くて肉料理にも相性よし
さつまいものりんご煮

材料(2人分)
さつまいも	¼本(50g)
プルーン(乾燥)	2個(20g)
100%りんごジュース	½カップ

作り方
1 さつまいもは皮つきのまま、輪切りにする。
2 鍋に1、プルーン、りんごジュースを合わせて火にかけ、さつまいもが柔らかくなるまで煮る。

88 kcal　塩分0.9g

ノンオイルのツナを使って
ツナ玉そぼろ

✳ 材料(2人分)

玉ねぎ	½個
ツナ缶(ノンオイル)	160g
しょうゆ・砂糖	各小さじ1
サラダ油	小さじ1
粗びき黒こしょう	少々
刻みパセリ	少々

✳ 作り方

1 玉ねぎはみじん切りにする。ツナは缶汁をきっておく。
2 フライパンに油を熱し、玉ねぎ、ツナを炒め合わせる。
3 2にしょうゆ、砂糖を加えていりつける。黒こしょうで味をととのえ、器に盛ってパセリをふる。

102 kcal
塩分0.8g

ちょこっと肉料理が欲しいときに
一口スコッチエッグ

✳ 材料(2人分)

合いびき肉	100g
塩・こしょう・ナツメグ	各少々
うずら卵(水煮)	6個
小麦粉	少々
サラダ油	小さじ1
トマトケチャップ・ソース	各小さじ1と⅓

✳ 作り方

1 ひき肉に塩、こしょう、ナツメグを加え、混ぜ合わせる。
2 うずら卵に小麦粉をまぶし、1の⅙量を手に広げて、うずら卵をのせて包む。これを6つ作る。
3 フライパンに油を熱し、2を入れて転がしながらこんがりと焼く。
4 3にケチャップ、ソースを加え、全体にからめる。

197 kcal
塩分1.0g

ちょっと余ったキャベツで一品
キャベツと油揚げの煮もの

✳ 材料(2人分)

キャベツ	2枚(100g)
油揚げ	½枚
だし汁	½カップ
しょうゆ・みりん	各小さじ2
削り節	少々

✳ 作り方

1 キャベツは太めの短冊切りにする。油揚げは熱湯を回しかけて油ぬきし、短冊切りにする。
2 鍋にだし汁、しょうゆ、みりんを温め、1の油揚げを加えて煮る。
3 味がなじんだら、キャベツを加えて煮る。器に盛って、削り節をふる。

53 kcal
塩分0.9g

小さなおかず ● 洋風

切り干し大根のツナサラダ
繊維とカルシウムが豊富

✖ 材料(2人分)
切り干し大根 ……………… 30g
A｜ツナ缶(ノンオイル) ……… ½缶(50g)
　｜マヨネーズ(カロリーハーフ) … 小さじ2
　｜レモンの絞り汁 …………… 小さじ1
塩・粗びき黒こしょう ………… 各少々
万能ねぎ …………………… 適量

✖ 作り方
1 切り干し大根は水に20分ほど浸してもどす。
2 ボウルに水けをよくきった1、Aを合わせてあえ、塩、粗びき黒こしょうで味をととのえる。
3 器に盛り、小口切りにした万能ねぎを散らす。

74 kcal　塩分0.5g

かぼちゃのとろーりチーズ
豆乳チーズソースで温野菜をおいしく

✖ 材料(2人分)
かぼちゃ …………… ¼個(250g)
豆乳 ………………… 大さじ2
ピザ用チーズ ……… 10g

✖ 作り方
1 かぼちゃは種とワタを取り、ラップをかけて電子レンジで柔らかくなるまで加熱する。
2 1を食べやすい大きさに切り、器に盛る。
3 鍋に豆乳、チーズを合わせ、弱火にかける。チーズが溶けたら2にかける。

92 kcal　塩分0.1g

73 kcal　塩分0.9g

75 kcal　塩分0.5g

れんこんときゅうりのサラダ
マスタードをピリッときかせて

✖ 材料(2人分)
れんこん …………… ⅓節(60g)
きゅうり …………… 1本(90g)
塩 ………………… 少々
A｜マヨネーズ …… 小さじ2
　｜プレーンヨーグルト … 小さじ2
　｜しょうゆ ……… 小さじ1
　｜マスタード …… 小さじ½

✖ 作り方
1 れんこんはいちょう切りにし、さっとゆでる。きゅうりは薄い輪切りにし、塩を加えて軽くもむ。
2 ボウルにAを混ぜ合わせ、1を加えてあえる。

れんこんのスパイス炒め煮
スパイスでエスニック風味に

✖ 材料(2人分)
れんこん …………… ⅓節(60g)
オリーブ油 ………… 小さじ2
クミン ……………… 小さじ1
塩・こしょう ……… 各少々
ターメリック ……… 小さじ1
レモンの絞り汁 …… 適量

✖ 作り方
1 れんこんは小さめの乱切りにする。
2 フライパンにオリーブ油、クミンを入れて中火で炒め、香りが出たら1を加える。塩、こしょうをふり、ふたをして弱火にし、2～3分煮たらターメリックを加えてよく混ぜる。再びふたをして、2分蒸し煮にする。
3 仕上げにレモン汁をかける。

さっと炒めるだけの時短おかず
うずら卵とヤングコーンの炒めもの

✿ 材料(2人分)

うずら卵(水煮)	10個
ヤングコーン(水煮)	4本
ピーマン	1個
塩・こしょう	各少々
サラダ油	小さじ1

✿ 作り方

1 ヤングコーンは薄い小口切りにする。ピーマンはへたと種を取り、細切りにする。
2 フライパンに油を熱し、1を炒め合わせる。
3 火が通ったらうずら卵を加えて混ぜ、塩、こしょうで味をととのえる。

119 kcal　塩分0.5g

ベーコンの脂で炒め油は少量に
青菜のキッシュ風

✿ 材料(2人分)

ほうれん草	⅓わ(100g)
ベーコン	2枚
ピザ用チーズ	20g
小麦粉	大さじ2
牛乳	大さじ6
塩・こしょう	各少々

✿ 作り方

1 ほうれん草は塩少々(分量外)を加えた熱湯でゆでる。水に取り、水けを絞って3cm長さに切る。ベーコンは細かく刻む。
2 フライパンを熱し、ベーコンを炒める。脂が出てきたら、ほうれん草を加えて炒め合わせる。
3 2に小麦粉をふり、全体になじむように炒めたら、牛乳を加える。とろりとしたら、塩、こしょうで味をととのえる。
4 3をアルミカップまたはココット皿などに均等に入れ、チーズを散らしてオーブントースターでこんがりと焼く。

190 kcal　塩分1.0g

ライスサラダを食べやすくアレンジ
サラダいなり

✿ 材料(2人分)

キャベツ	1枚(15g)
にんじん	⅓本(50g)
きゅうり	½本(50g)
塩	少々
たくあん	3切れ(30g)
A　酢	小さじ1
レモンの絞り汁	小さじ½
砂糖	小さじ1
塩	小さじ¼
こしょう	適量
ご飯	120g
白いりごま	適量
いなりずし用油揚げ(市販品)	6枚(60g)
サラダ菜	2枚
レモン	¼個(30g)

✿ 作り方

1 キャベツは1cm角に切る。にんじん、きゅうりは薄めのいちょう切りにする。合わせて軽く塩をふり、しんなりしたら水けを絞る。
2 たくあんは大きめのみじん切りにする。
3 Aを合わせ、ご飯に加えて軽く混ぜてなじませる。
4 3に1、2、ごまを加えて混ぜ合わせ、いなりずし用油揚げにつめる。皿に盛り、サラダ菜、くし形に切ったレモンを添える。

285 kcal　塩分2.2g

コンビーフの脂が炒め油がわりに
パプリカのコンビーフあえ

材料(2人分)
パプリカ(赤)……⅔個
コンビーフ缶……20g
塩・粗びき黒こしょう
　　　　　　……各少々

作り方
1　パプリカはへたと種を取って薄切りにし、熱湯でさっと湯通しをする。
2　コンビーフはほぐし、油をひかずにフライパンでからいりする。
3　2をパプリカとあえて、塩、黒こしょうで味をととのえる。

色鮮やかで食べごたえのあるサラダ
カリフラワーのオーロラあえ

材料(2人分)
冷凍カリフラワー……200g
パプリカ(赤)……¼個
卵……½個分
マヨネーズ……大さじ½
トマトケチャップ……小さじ2

作り方
1　カリフラワーは電子レンジで解凍し、冷ましておく。パプリカは細切りにする。
2　鍋に卵とかぶるくらいの水を入れ、火にかけて固めのゆで卵にする。粗熱が取れたら、殻をむいてみじん切りにする。
3　マヨネーズ、ケチャップを混ぜ1、2を加えてあえる。

32 kcal　塩分0.5g

78 kcal　塩分0.3g

29 kcal　塩分0.3g

50 kcal　塩分0.5g

エリンギやマッシュルームで作っても
しいたけのチーズソテー

材料(2人分)
生しいたけ……4個
オリーブ油……小さじ1
粉チーズ……小さじ1
塩・粗びき黒こしょう
　　　　　　……各少々

作り方
1　しいたけは軸を取り、薄切りにする。
2　フライパンにオリーブ油を熱し、1を炒める。粉チーズをふり、塩、黒こしょうで味をととのえる。

具とソースをあえて焼くだけ
カリフラワーのグラタン

材料(2人分)
カリフラワー……100g
ホワイトソース缶(市販品)
　　　　　　……大さじ2
ハム……1枚
粉チーズ……小さじ2

作り方
1　カリフラワーは塩ゆでし、食べやすい大きさに切る。ハムはみじん切りにする。
2　水けをきったカリフラワー、ハム、ホワイトソースを合わせてあえ、アルミカップまたはココット皿などに入れ、粉チーズをふる。
3　オーブントースターで様子を見ながら、こげ目がつくまで焼く。

小さなおかず　●洋風

> 色で選ぶ！
> 献立お助け
> 副菜

のおかず

かぶや大根、れんこんなど、白の食材は、
赤や緑などの食材とあえものなどにすると、白がはえてきれいです。

*材料の分量はすべて2人分です。

19 kcal　塩分0.7g

レモンの香りがさわやか
白菜のレモン漬け

✖ 材料と作り方
1　白菜2枚を葉と芯に分け、葉はざく切り、芯はそぎ切りにする。塩少々をふり、よくもんで水けを絞る。
2　レモンの薄切り2枚をいちょう切りにし、1と合わせて軽くもんで漬ける。

44 kcal　塩分0.2g

水けをよくきってあえて
大根と帆立のマヨあえ

✖ 材料と作り方
1　大根3cm（80g）をせん切りにする。塩少々をふり、よくもんで水けを絞る。
2　ボウルに1と水けをきった帆立水煮缶20g、マヨネーズ小さじ2、粗びき黒こしょう適量を合わせてあえる。

23 kcal　塩分0.8g

みりんで酸味をまろやかに
かぶの梅肉あえ

✖ 材料と作り方
1　かぶ2個を薄切りにして塩少々をふり、よくもんで水けを絞る。
2　梅干し1個の種を取って細かくたたき、みりん小さじ1を混ぜ合わせる。
3　1を2であえる。

52 kcal　塩分0.3g

青のり少量でしっかり香りが
はんぺんの青のりあえ

✖ 材料と作り方
1　はんぺん小½枚を短冊切りにする。
2　フライパンにサラダ油小さじ2を熱し、1を炒める。青のり適量をふってあえる。

52 kcal　塩分0.5g

ほどよい食感に炒めるだけ
れんこんのオリーブ油炒め

✖ 材料と作り方
1　れんこん100gの皮をむき、食べやすい大きさに切って水にさらし、ざるに上げる。
2　フライパンにオリーブ油小さじ1を熱し、水けをきった1を炒めて、塩・粗びき黒こしょう各適量で味をととのえる。

31 kcal　塩分0.2g

切ってあえるだけで中華風
ねぎとチャーシューのあえもの

✖ 材料と作り方
1　長ねぎ20cmは5cm長さのせん切りにする。チャーシュー20gは細切りにする。
2　1とごま油小さじ½を合わせてあえる。

「もう一品」に役立つ!

10〜50kcal台 カロリー別スピード小鉢

500kcal献立を考えるときに便利な"カロリーで選べる"小さなおかずを集めました。
10〜40kcal台が中心で、どれも簡単! 毎日の食事のカロリーダウンに役立てて。

10kcal以下

7 kcal
塩分0.6g

**キャベツの
ゆかりあえ**

梅じそ風味のゆかりで
さっと一品

✽材料(2人分)
キャベツ ……………………… 4枚(60g)
ゆかり ………………………… 適量

✽作り方
1 キャベツはざく切りにしてラップで包み、電子レンジで2分ほど加熱する。
2 1をボウルに入れ、ゆかりをふりかけて混ぜ合わせる。

---

7 kcal
塩分0.2g

かぶの浅漬け

葉っぱを刻んで
漬けてもおいしい

✽材料(2人分)
かぶ …………………………… 1個
塩 ……………………………… 適量

✽作り方
1 かぶは皮をむいて、薄いいちょう切りにする。
2 ボウルにかぶ、塩を入れてよくもみ、水けをきる。

---

7 kcal
塩分0.3g

**キャベツの
のりあえ**

生でパリパリ、
ビタミンCもしっかり

✽材料(2人分)
キャベツ ……………………… 1枚
焼きのり ………………… 全型½枚
塩 ……………………………… 適量

✽作り方
1 キャベツは堅い芯の部分を除き、小さめに手でちぎる。のりはビニール袋に入れて袋ごと手でもみ、もみのり状にする。
2 1のキャベツを小さめのボウルに入れ、塩をふってしんなりとさせ、水けを絞ってのりとあえる。

---

9 kcal
塩分0.9g

**きのこの
もずくあえ**

ツルツルとした口あたりも
味わい

✽材料(2人分)
生しいたけ ……………… 2個(20g)
しめじ …………………… ¼パック(25g)
もずく酢(味つき・市販品)
……………………… 1パック(100g)
青じそ ………………………… 適量

✽作り方
1 しいたけは軸を取り、4等分に切る。しめじは石づきを落とし、小房に分ける。それぞれ1分ほどゆで、冷まして水けをきる。
2 1を小鉢に入れてもずく酢をかける。青じそを細切りにしてのせる。

---

9 kcal
塩分0.4g

**しらたきの
明太あえ**

低カロリーのしらたきは
ダイエットの強い味方

✽材料(2人分)
しらたき ……………………… 60g
明太子(薄皮を取ってほぐしたもの)
………………………………… 小さじ2
しょうゆ ……………………… 適量

✽作り方
1 しらたきはさっとゆで、水けをきって食べやすい長さに切る。
2 しらたきが熱いうちに明太子、しょうゆを加えてあえる。

10kcal台

きのこのワイン蒸し

11 kcal 塩分0.3g

香りもごちそうの簡単でおしゃれな一品

✖ 材料（2人分）
マッシュルーム……………50g
しめじ……………………50g
塩・粗びき黒こしょう……各適量
白ワイン…………………小さじ4

✖ 作り方
1 マッシュルームは石づきを取る。しめじも石づきを落として小房に分ける。
2 耐熱容器に**1**、塩、黒こしょう、白ワインを入れ、ふんわりとラップをかけて、電子レンジで1分50秒加熱する。ラップをはずして、さらに30秒加熱する。

大根のゆかりあえ

11 kcal 塩分0.7g

ほんのりピンク色で彩りの小鉢に

✖ 材料（2人分）
大根………………………100g
塩…………………………適量
ゆかり……………………小さじ½

✖ 作り方
1 大根は皮をむいて、薄いいちょう切りにする。
2 **1**に塩をふって、よくもむ。しんなりしたら、水けを絞ってゆかりであえる。

小松菜の辛子あえ

12 kcal 塩分0.5g

レンジ加熱であっという間にでき上がり

✖ 材料（2人分）
小松菜……………………100g
しょうゆ…………………小さじ1
だし汁……………………小さじ2
練り辛子…………………適量

✖ 作り方
1 小松菜はさっと水洗いしてラップで包み、電子レンジで30秒加熱する。水に取って水けを絞り、2cm長さに切る。
2 ボウルに**1**を入れ、しょうゆ、だし汁、練り辛子を加えてさっとあえる。

スナップえんどうと桜えびのあえもの

12 kcal 塩分0.3g

桜えびのうまみと香りがポイント

✖ 材料（2人分）
スナップえんどう…………6本
桜えび……………………小さじ1
しょうゆ…………………小さじ⅔
だし汁……………………小さじ1

✖ 作り方
1 スナップえんどうはラップで包み、電子レンジで30秒加熱する。粗熱が取れたら斜め半分に切る。
2 **1**と桜えび、しょうゆ、だし汁を合わせてあえる。

きゅうりののりあえ

12 kcal 塩分0.5g

きゅうりの水けでのりがしんなりなじむ

✖ 材料（2人分）
きゅうり…………………½本
塩…………………………適量
焼きのり…………………全型½枚
しょうゆ…………………適量
白いりごま………………少々

✖ 作り方
1 きゅうりはせん切りにし、塩をまぶして水けをきる。のりは細かくちぎる。
2 きゅうりとのりをあえ、しょうゆと白ごまをふる。

13 kcal
塩分0.5g

ピーマンの昆布ごろも

昆布の風味で
ピーマンをおいしく

✂材料（2人分）
ピーマン............5個(100g)
昆布茶............適量
とろろ昆布............適量

✂作り方
1　ピーマンは一口大の乱切りにし、さっとゆでて、ざるに取って水けをきる。
2　1に昆布茶をまぶし、器に盛りつけて、上からとろろ昆布をたっぷりとのせる。

---

14 kcal
塩分0.9g

三色野菜の水キムチ

緑・白・赤の彩りもいい
ビタミンたっぷり小鉢

✂材料（2人分）
きゅうり............⅓本(30g)
大根............30g
にんじん............⅕本(30g)
水............1カップ
塩............小さじ½
おろししょうが・おろしにんにく
............各小さじ1
赤唐辛子............1本

✂作り方
1　きゅうり、大根、にんじんはスティック状に切り、塩適量(分量外)をふり、30分おいてさっと水洗いする。
2　分量の水に塩を加えてよく混ぜ、おろししょうが、おろしにんにく、種を取って細かく刻んだ赤唐辛子を加え、1の野菜を入れる。3時間ほど漬ければ食べられるが、3日目が食べごろに。

---

14 kcal
塩分0.5g

にらののり巻き

のりで巻いて食べると
においも気にならない!

✂材料（2人分）
にら............⅘わ(80g)
しょうゆ............小さじ1
削り節............適量
味つけのり............適量

✂作り方
1　にらは4cm長さに切ってラップで包み、電子レンジで1分半ほど加熱する。
2　1にしょうゆをかけ、削り節をまぶす。味つけのりで巻きながら食べる。

---

14 kcal
塩分0.9g

ピーマンの塩昆布あえ

塩昆布であえるだけで
うまみ濃厚

✂材料（2人分）
ピーマン............4個(80g)
塩昆布............10g

✂作り方
1　ピーマンはへたと種を取り、食べやすい大きさに切って、さっとゆでる。
2　1を塩昆布とあえる。

---

14 kcal
塩分0.3g

かぶの甘酢漬け

市販のすし酢で
ほんのり甘い浅漬けに

✂材料（2人分）
かぶ............1個
すし酢(市販品)............小さじ2

✂作り方
1　かぶは皮をむき、いちょう切りにする。
2　小鍋に湯を沸かし、1をさっとゆでて、ざるに取って水けをきる。
3　2を小さめのボウルに入れ、熱いうちにすし酢をかけて味をなじませる。

14 kcal
塩分0.5g

ブロッコリーの昆布茶あえ

さっぱりとして
相性抜群の組み合わせ

✖ 材料(2人分)

ブロッコリー	4〜6房
昆布茶	小さじ½

✖ 作り方

1 ブロッコリーは塩少々(分量外)を加えた湯でゆで、ざるに取って水けをきる。

2 1を小さめのボウルに入れ、昆布茶を加えてあえる。

---

14 kcal
塩分0.8g

ひじきといんげんのサラダ

いんげんは斜め切りで
豆を見せて彩りに

✖ 材料(2人分)

ひじき(水煮)	80g
いんげん	4本
塩・こしょう	各適量
和風ドレッシング(市販品)	小さじ2

✖ 作り方

1 いんげんはさっとゆで、3〜4cm長さの斜め切りにする。

2 フライパンにひじきを入れてからいりし、塩、こしょうをふる。

3 2に1を加え、ドレッシングであえて火を止める。しばらくおいて冷ます。

---

14 kcal
塩分0.3g

セロリの甘酢漬け

さわやかな香りと
甘酢の酸味がマッチ

✖ 材料(2人分)

セロリ	100g
すし酢(市販品)	小さじ2

✖ 作り方

1 セロリは筋を取って薄切りにする。

2 1をラップで包み、電子レンジで30秒加熱する。

3 2を熱いうちにすし酢に漬け、しばらくそのままおいて味をなじませる。

---

15 kcal
塩分0.5g

山椒風味のオクラ

にんじんを入れると
彩りもアップ

✖ 材料(2人分)

オクラ	10本
にんじん	10g
しょうゆ	小さじ1
粉山椒	適量

✖ 作り方

1 オクラは塩少々(分量外)を軽くまぶす。にんじんは短冊切りにする。

2 鍋ににんじんとひたひたの水を入れて煮立て、オクラを加えてさっとゆで、ざるに上げる。

3 器に盛り、しょうゆと粉山椒をかける。

---

17 kcal
塩分0.7g

かぶと梅昆布の即席漬け

ほどよい塩けと
酸味のバランスがポイント

✖ 材料(2人分)

かぶ	1個(80g)
塩昆布	5g
梅干し(うす塩)	½個

✖ 作り方

1 かぶは薄いいちょう切りにする。塩昆布と一緒にビニール袋に入れ、手で軽くもむ。塩昆布がなじんできたら器に盛る。

2 梅干しは種を取り、実を包丁でたたき、1のかぶにのせる。あえながらいただく。

148

18 kcal
塩分0.8g

いんげんの
レモンがけ

レモンの絞り汁で
さっぱりと!

✖材料(2人分)

いんげん	10本
塩	少々
レモンの絞り汁	小さじ1
しょうゆ	大さじ½

✖作り方

1 いんげんは筋を取って、塩を加えた湯でさっとゆでる。
2 レモン汁としょうゆを混ぜる。
3 器にいんげんを盛り、2をかける。

---

18 kcal
塩分0.6g

大根の
はりはり漬け

パリパリ歯ざわりがよくて
栄養価も高い

✖材料(2人分)

切り干し大根	10g
刻み昆布	2g
酢・しょうゆ	各小さじ1

✖作り方

1 切り干し大根は洗ってから水でもどし、水けをきる。
2 1と刻み昆布を合わせ、酢としょうゆを加えてしばらく漬け込む。

---

18 kcal
塩分0.4g

まさごあえ

明太子のうまみと
しらたきの食感で満足

✖材料(2人分)

しらたき	½袋(100g)
明太子	½腹(15g)
酒	小さじ1

✖作り方

1 しらたきは食べやすい長さに切り、ゆでてざるに上げる。明太子は薄皮から身を取り出しておく。
2 しらたきを鍋に入れ、中火でからいりする。水分がなくなったら、1の明太子と酒を入れ、全体に混ぜながらさらにいる。明太子に火が通り、鍋底に水けがなくなったら火を止める。

---

18 kcal
塩分0.7g

ほうれん草と
じゃこのあえもの

じゃこ入りで
ビタミン&カルシウムが豊富

✖材料(2人分)

ほうれん草	4株
じゃこ	大さじ1
だし汁	小さじ2
しょうゆ	小さじ1

✖作り方

1 ほうれん草は塩少々（分量外）を加えた熱湯でさっとゆで、ざるに取って水けを絞り、3cm長さに切る。
2 ボウルに1、じゃこ、だし汁、しょうゆを入れてあえる。

---

19 kcal
塩分1.0g

雷こんにゃく

ピリッと辛子をきかせて
いりつけて

✖材料(2人分)

こんにゃく	¼枚(60g)
しょうゆ	小さじ2
練り辛子	適量
削り節	6g

✖作り方

1 こんにゃくは一口大にちぎり、熱湯で2～3分ゆでる。ざるに上げて水けをきり、フライパンでからいりする。
2 1にしょうゆ、練り辛子を加えて混ぜ、さらに削り節を入れて、水けがなくなるまで炒める。

20kcal台

20kcal
塩分1.6g

大根の梅あえ

さっぱりとして
消化も促進!

✖材料(2人分)

大根	⅕本(200g)
塩	少々
梅干し	1個
青じそ	2枚

✖作り方

1 大根は細切りにし、塩をふって軽くもむ。
2 梅干しは種を取り、包丁で細かくたたく。青じそはせん切りにする。
3 1の水けをきり、2の梅干し、青じそと合わせてあえる。

20kcal
塩分0.5g

ほうれん草の
のりマスタードあえ

粒マスタードと
のりの風味が絶妙

✖材料(2人分)

ほうれん草	½わ(100g)
焼きのり	全型2枚
しょうゆ	小さじ1
粒マスタード	適量

✖作り方

1 ほうれん草はさっとゆで、3cm長さに切って軽く絞る。
2 焼きのりを細かく手でちぎり、1、しょうゆ、粒マスタードと合わせてよくあえる。

21kcal
塩分0.7g

白菜のおひたし

ハンパに余った白菜で
さっと一品

✖材料(2人分)

白菜	2枚(200g)
ポン酢じょうゆ	大さじ1
白いりごま	小さじ⅓

✖作り方

1 白菜は水洗いし、1cm幅のざく切りにする。ラップをかけて電子レンジで3分加熱し、粗熱を取る。
2 1にポン酢じょうゆをかけ、白ごまをふる。

21kcal
塩分1.5g

アスパラガスの
梅肉あえ

梅の酸味がきいて
疲労回復にもおすすめ

✖材料(2人分)

グリーンアスパラガス		4本
梅干し		2個
A	しょうゆ	適量
	みりん	小さじ1
削り節		小½袋

✖作り方

1 アスパラガスは根元の堅い部分をむき、熱湯でさっとゆでて、斜め薄切りにする。梅干しは種を除いて包丁でたたき、ペースト状の梅肉にする。
2 ボウルに1の梅肉とAを合わせ、アスパラガスを入れてあえ、削り節をまぶす。

21kcal
塩分0.3g

ひじき煮

ミネラルもたっぷり、
煮もの小鉢の定番

✖材料(作りやすい分量)

ひじき(水煮)		130g
にんじん		40g
油揚げ		½枚
A	だし汁	½カップ
	砂糖・みりん	各小さじ1
	しょうゆ	小さじ2

✖作り方

1 にんじんは皮をむいて短冊切りにする。油揚げは湯を回しかけて油ぬきし、短冊切りにする。
2 鍋にA、ひじき、1を入れ、中火で煮汁が少なくなるまで煮る。

22kcal
塩分0.7g

きゅうりの
しょうがあえ

いりごまを加えると
風味も食感もアップ

✖材料(2人分)

きゅうり	1本(90g)
塩	適量
甘酢しょうが	30g
白いりごま	小さじ1

✖作り方

1 きゅうりは小口切りにし、塩をふってもんでおく。甘酢しょうがは1cm幅に切る。
2 1のきゅうりをさっと水洗いし、軽く水けをきって、甘酢しょうが、白ごまと合わせてあえる。

白菜のごまあえ

22 kcal
塩分0.4g

あえるだけでも
ごまの風味で味わい豊か

❋材料(2人分)

白菜	100g
塩	適量
白すりごま・ごま油	各適量

❋作り方

1 白菜は葉と芯の部分に分け、ざく切りにする。

2 ボウルに**1**の白菜を入れ、塩をふってよくもむ。水けを絞って、すりごま、ごま油を加えてあえる。

ブロッコリーのナッツあえ

22 kcal
塩分0.1g

ナッツの香ばしさで
箸がすすむ

❋材料(2人分)

ブロッコリー	4房(60g)
アーモンドまたはピーナッツ	2粒
マヨネーズ	小さじ2

❋作り方

1 ブロッコリーはラップで包み、電子レンジで20秒加熱し、食べやすい大きさに切る。

2 アーモンドまたはピーナッツは砕く。

3 ブロッコリーをマヨネーズ、**2**と合わせてあえる。

糸寒天サラダ

23 kcal
塩分1.0g

食物繊維たっぷりの
簡単サラダ

❋材料(2人分)

糸寒天	5g
にんじん	⅕本(30g)
貝割れ菜	1パック(80g)
ノンオイル和風ドレッシング(市販品)	大さじ1と½

❋作り方

1 糸寒天はキッチンばさみで4〜5cm長さに切り、たっぷりの水に20分間つけてもどし、ざるに取って水けをきる。

2 貝割れ菜は根元を落として長さを3等分にし、にんじんは皮をむき、せん切りにする。

3 ボウルに**1**、**2**を合わせ、ドレッシングを加えてあえる。

焼きなすのポン酢じょうゆがけ

23 kcal
塩分0.4g

しょうがで体を温めて
ポン酢で疲労回復

❋材料(2人分)

なす	2個(240g)
大根	2cm(60g)
しょうが	適量
万能ねぎ	適量
ポン酢じょうゆ	小さじ2

❋作り方

1 なすはオーブントースターで7〜8分焼いて皮をむき、縦に4つに切ってから、食べやすい大きさに切る。大根、しょうがは、それぞれ皮をむいてすりおろす。

2 なすを器に盛り、大根おろしをかけて、小口切りにした万能ねぎ、おろししょうがをのせる。ポン酢じょうゆをかけていただく。

レタスのソース炒め

24 kcal
塩分0.5g

レタスは生だけでなく
炒めておかずにも

❋材料(2人分)

レタス	2枚
サラダ油	小さじ1
ソース	小さじ1
塩・こしょう	各少々

❋作り方

1 レタスは一口大に切る。

2 フライパンに油を熱してレタスを炒める。しんなりしたらソースを加えて、塩、こしょうで味をととのえる。

24
kcal
塩分0.8g

にんじんと もやしのナムル

ごま油とねぎがきいて
食欲をそそる風味に

✤材料(2人分)

にんじん……6cm(50g)
もやし……30g
A 長ねぎ(みじん切り)……適量
しょうゆ……小さじ1
ごま油・塩・こしょう……各適量

✤作り方

1 にんじんは皮をむいて太めのせん切りにする。もやしはひげ根を取る。**A**は合わせておく。
2 にんじん、もやしをさっとゆで、水けをきってボウルに合わせ、**A**を加えてあえる。

25
kcal
塩分0.8g

韓国風めかぶ

にんにく、ごま油、唐辛子で
食べごたえのある小鉢に

✤材料(2人分)

めかぶ……50g
A ごま油……小さじ½
しょうゆ・みりん……各小さじ½
酢……小さじ2
塩・一味唐辛子……各適量
にんにく(みじん切り)……適量
白いりごま……適量

✤作り方

1 **A**をよく混ぜ合わせる。
2 めかぶと**A**をボウルに合わせてあえ、味をなじませる。

26
kcal
塩分0.3g

エリンギの 粉チーズ炒め

オリーブ油で炒めて
簡単イタリアン風

✤材料(作りやすい分量)

エリンギ……中1本
オリーブ油……少々
塩・こしょう・粉チーズ……各少々

✤作り方

1 エリンギは長さを半分に切って、短冊切りにする。
2 フライパンにオリーブ油を熱し、エリンギを炒める。しんなりしてきたら、塩、こしょう、粉チーズを加えて味をととのえる。

27
kcal
塩分0.5g

三色洋風なます

一晩おくと
さらにおいしくなる

✤材料(2人分)

大根……2cm(60g)
きゅうり……⅕本(20g)
にんじん……10g
A 塩……少々
砂糖……大さじ1
ワインビネガー……大さじ½

✤作り方

1 大根、きゅうり、にんじんは、太さをそろえてせん切りにする。
2 **A**をよく混ぜ合わせ、**1**を加えてあえ、30分ほどおいて味をなじませる。

27
kcal
塩分1.5g

大根のサラダ

葉もしっかり加えて
ビタミン補給

✤材料(2人分)

大根……3cm(90g)
塩……小さじ¼
大根の葉……30g
削り節・ポン酢じょうゆ……各適量

✤作り方

1 大根は太めのせん切りにし、塩をふって軽くもみ、しんなりしてきたら水けを絞る。
2 大根の葉は塩少々(分量外)を加えた湯でさっとゆで、細かく刻んで水けを絞る。
3 **1**と**2**を軽く混ぜて器に盛り、削り節をかけてポン酢じょうゆでいただく。

27
kcal
塩分1.3g

トマトと白しめじの
あえもの

赤と白で
見た目もおしゃれな小鉢に

✂ 材料（2 人分）
トマト ………………… ½個（100g）
白しめじ ……………………… 100g
めんつゆ（3 倍濃縮） ……… 小さじ 2

✂ 作り方
1 トマトは 1cm角に切る。
2 白しめじは石づきを落として小房に分け、さっとゆで、ざるに取って水けをきる。
3 **1**と**2**を合わせ、めんつゆをかけてあえる。

29
kcal
塩分1.2g

きのこの
焼きびたし

焼き網で香ばしく焼くと
断然おいしい

✂ 材料（2 人分）
生しいたけ …………… 2 個（20g）
エリンギ ……………… 1 本（40g）
えのきだけ ………… ½パック（50g）
　　　だし汁 ………………… 1 カップ
　　　みりん・酒・しょうゆ
A 　　　　　　　　　　… 各大さじ½
　　　塩 ………………… 小さじ¼

✂ 作り方
1 しいたけは石づきを落とす。エリンギ、えのきだけは根元を落とし、えのきは粗くほぐす。
2 焼き網を熱し、**1**をこんがりと焼き、しいたけ、エリンギは食べやすい大きさに切る。
3 鍋に**A**を合わせて煮立てる。火を止めて**2**を加え、10分ほど浸して味をなじませる。

30kcal台

30
kcal
塩分0.9g

ブロッコリーの
梅おかかあえ

ブロッコリーの房に
味がからんでおいしい

✂ 材料（2 人分）
ブロッコリー ………… ½株（130g）
梅干し ………………………… 2 個
削り節 …………………………… 2g

✂ 作り方
1 ブロッコリーは小房に分け、さっとゆでて、ざるに上げて水けをきる。
2 梅干しは種を取って包丁でたたき、削り節と混ぜ合わせておく。
3 **1**が熱いうちに**2**を合わせてあえる。

31
kcal
塩分0.5g

もやしの韓国風
酢のもの

ピリッと唐辛子と
酢をきかせて

✂ 材料（2 人分）
もやし ………………… ⅓袋（70g）
　　　七味唐辛子 ……………… 少々
　　　酢 …………………… 大さじ 1
　　　しょうゆ ………… 小さじ½
A 　　塩 …………………………… 少々
　　　砂糖 ………………… 小さじ 2
　　　ごま油 …………………… 適量

✂ 作り方
1 もやしは洗って耐熱容器に入れ、ラップをして電子レンジで 3 分加熱し、水けをきる。
2 ボウルに**A**を合わせ、**1**を加えてあえる。

31
kcal
塩分2.2g

わかめときゅうりの
グレープフルーツあえ

グレープフルーツの果肉で
変わり酢のものに

✂ 材料（2 人分）
わかめ（乾燥） …………………… 4g
きゅうり ……………… 1 本（90g）
塩 …………………………………… 少々
グレープフルーツ果肉 …… 6 房分
すし酢（市販品） ……… 大さじ 2

✂ 作り方
1 わかめは水でもどし、水けをきって一口大に切る。きゅうりは薄い輪切りにして塩をふり、10分ほどおいて、水けをしっかり絞る。
2 グレープフルーツは皮をむいて果肉を取り出し、一口大にほぐす。
3 **1**と**2**を合わせ、すし酢を加えてあえる。

絹さやとえのきのみそ炒め

31 kcal
塩分0.2g

みそとごま油の風味で
箸がすすむ一品

✂材料(2人分)

絹さや ································ 6枚
えのきだけ ···················· 20g

A
| みそ ························ 小さじ⅔
| 酒 ·························· 小さじ1
| 砂糖 ·························· 少々

ごま油 ························ 小さじ1

✂作り方

1 絹さやは斜め細切りにする。えのきだけは根元を落とし、3等分に切ってほぐす。**A**は混ぜ合わせる。

2 フライパンにごま油を熱し、絹さや、えのきだけを入れて炒める。

3 **2**に火が通ったら、**A**を加えて炒め合わせる。

きのこのケチャップ煮

31 kcal
塩分0.5g

好みのきのこでOK。
ワインで風味づけを

✂材料(2人分)

しめじ・まいたけ ············ 各30g
オリーブ油 ···················· 小さじ1
トマトケチャップ ········ 小さじ2強
白ワインまたは酒 ········ 小さじ2強
塩・こしょう ················ 各適量
バジル(乾燥) ·················· 少々

✂作り方

1 きのこは石づきを落とし、ほぐしておく。

2 フライパンにオリーブ油を熱し、**1**を入れて炒める。火が通ったら、ケチャップ、白ワインまたは酒を加え、汁けがなくなるまで煮る。

3 塩、こしょうで味をととのえ、あればバジルをふる。

オクラとトマトのあえもの

32 kcal
塩分1.1g

簡単で緑&赤の彩りも
きれい

✂材料(2人分)

オクラ ···························· 8本
トマト ···················· ¾個(150g)
ポン酢じょうゆ ·············· 大さじ1

✂作り方

1 オクラは軽くゆで、斜めに2～3等分に切る。トマトは乱切りにする。

2 **1**を合わせ、ポン酢じょうゆをかけてあえる。

もずくのレモン風味サラダ

36 kcal
塩分0.8g

さっぱりさわやかで
疲れたときにぴったり

✂材料(2人分)

もずく酢(味つき・市販品)
 ···················· 1カップ(100g)
きゅうり ···················· ½本(50g)
大根 ······················ 2cm(60g)
トマト ····················· ⅓個(70g)
塩 ································ 適量
レモン ····················· ⅛個(20g)

✂作り方

1 きゅうりは5mm幅の薄切りに、大根は5mm幅のいちょう切りにして、塩をふってしんなりしたら軽く水けを絞る。

2 トマトは1cm角に切る。レモンは分量の半分を薄いいちょう切りにし、残りは汁を絞る。

3 **1**と**2**をボウルに合わせ、もずくを加えてあえる。

きのことピーマンのアンチョビー炒め

37 kcal
塩分0.5g

アンチョビーのうまみで
ごちそう小鉢に

✂材料(2人分)

ピーマン・パプリカ(黄) ···· 各40g
えのきだけ・しめじ ········ 各40g
こんにゃく ······················ 40g
アンチョビー ···················· 1枚
アンチョビーの漬け油 ···· 小さじ¼
こしょう ·························· 少々

✂作り方

1 ピーマン、パプリカは細切りにする。えのきだけは根元を落とし、半分に切る。しめじも石づきを落とし、小房に分ける。こんにゃくは短冊切りにし、熱湯でさっとゆで、ざるに取って水けをきる。

2 アンチョビーはみじん切りにする。

3 フライパンを熱し、アンチョビーの漬け油を入れて**1**を炒める。火が通ったら、**2**を加えてさっと炒め合わせ、仕上げにこしょうをふる。

小松菜の甘辛あえ

37 kcal 塩分2.1g

シンプルでも
辛子で味がしまる

✳ 材料(2人分)

小松菜	⅓わ(130g)
A 練り辛子・砂糖	各小さじ1
しょうゆ	大さじ1と½

✳ 作り方

1 小松菜はよく洗い、根元を切り落とす。さっとゆでて冷水に取り、水けを絞って3cm長さに切る。
2 ボウルにAを合わせてよく混ぜて砂糖と辛子を溶く。**1**を加えてあえる。

小松菜のにんにくソテー

38 kcal 塩分0.2g

にんにくとごま油の風味で
小松菜をおいしく

✳ 材料(2人分)

小松菜	⅓わ(130g)
にんにく	1かけ
ごま油	小さじ1と½
塩・こしょう	各少々

✳ 作り方

1 小松菜は茎と葉を分け、3cm長さに切る。にんにくは薄切りにする。
2 フライパンにごま油を熱し、にんにくを炒める。香りが出たら、小松菜の茎、葉の順に入れて炒める。しんなりしてきたら、塩、こしょうで味をととのえる。

フルーティコールスロー

38 kcal 塩分0.5g

甘いさわやかな風味で
肉料理の副菜におすすめ

✳ 材料(2人分)

キャベツ	2枚(30g)
りんご	½個(20g)
マンゴー(乾燥)	15g
りんご酢	大さじ2
塩	少々

✳ 作り方

1 キャベツはみじん切りにし、塩少々(分量外)をふってしんなりさせる。
2 りんご、ドライマンゴーは細かく刻む。
3 **1**の水けをきり、**2**、りんご酢、塩を加えてあえる。

水菜の煮びたし

38 kcal 塩分1.0g

煮ると生より
たっぷり食べやすい

✳ 材料(2人分)

水菜	1株(100g)
油揚げ	⅓枚(10g)
だし汁	½カップ
しょうゆ	小さじ2

✳ 作り方

1 水菜は洗って3cm長さに、油揚げは短冊切りにする。
2 鍋にだし汁を煮立て、**1**を入れる。水菜に火が通ったら、しょうゆを回し入れて火を止める。

ひじきのピーナッツあえ

39 kcal 塩分0.8g

香ばしい甘みで
ひじき煮が苦手な人にも

✳ 材料(2人分)

ひじき(乾燥)	6g
にんじん	10g
A ピーナッツバター	小さじ1
はちみつ	小さじ1
しょうゆ	小さじ1

✳ 作り方

1 ひじきは軽く洗ってから水でもどし、水けを絞っておく。にんじんはせん切りにする。
2 Aをよく混ぜ合わせ、**1**を加えてあえる。

40kcal台

40 kcal
塩分2.0g

にんじんと
りんごのサラダ

ビタミンたっぷりで
免疫力アップにも

✕材料(2人分)

にんじん ……………… ½本(80g)
りんご ………………… ¼個(60g)
塩 …………………………… 小さじ⅓
ノンオイルドレッシング(イタリアン
　　　やフレンチなど・市販品)　**大さじ3**
こしょう ……………………… 少々

✕作り方

1 にんじんはせん切りに、りんご
は皮をむかずにせん切りにし、合わ
せて塩をふって30分ほどおく。しん
なりしたら、さっと水洗いして、し
っかり水けをきる。
2 **1**をボウルに合わせ、ドレッシ
ング、こしょうを加えてあえる。

---

40 kcal
塩分1.5g

白菜と
しらすのサラダ

低カロリーで
カルシウムもたっぷり

✕材料(2人分)

白菜 ……………………… 1枚(100g)
しょうゆ・酢 ………… 各大さじ1
ごま油 ……………………… 適量
おろしにんにく ……………… 適量
しらす干し ………………… 大さじ1

✕作り方

1 白菜は2cm長さに切り、熱湯で
さっとゆで、水けを軽く絞る。
2 しょうゆ、酢、ごま油、おろし
にんにくを混ぜ合わせる。
3 ボウルに**1**の白菜、しらすを合
わせ、**2**を加えてあえる。

---

40 kcal
塩分1.0g

大根と帆立の
サラダ

相性抜群の組み合わせで
栄養も充実

✕材料(2人分)

大根 ……………………… ⅛本(130g)
塩 …………………………… 少々
帆立貝柱(刺身用) ……………… 40g
貝割れ菜 ………… ⅛パック(10g)
好みのドレッシング(市販) 大さじ1
黒こしょう ………………… 適量

✕作り方

1 大根はせん切りにし、塩をふっ
てもみ、水けをきる。貝割れ菜は根
元を切り落とす。
2 ボウルに**1**、帆立貝柱を合わせ、
ドレッシングであえて、こしょうで
味をととのえる。

---

41 kcal
塩分1.0g

セロリの
いかくんサラダ

おつまみのいかで
セロリをおいしく

✕材料(2人分)

セロリ …………………… ⅔本(100g)
いかのくんせい ………………… 20g
フレンチドレッシング(市販品)
　……………………………… 小さじ2
塩・こしょう ……………… 各少々

✕作り方

1 セロリは筋を取り、5mm幅の斜
め切りにする。いかのくんせいは一
口大に切る。
2 ボウルに**1**を合わせ、ドレッシ
ングであえ、塩、こしょうで味をと
とのえる。30分ほど冷蔵庫において、
味をなじませる。

---

41 kcal
塩分0.5g

水菜と
パプリカのナムル

サラダ野菜を
韓国風あえものに

✕材料(2人分)

水菜 ……………………… 1株(100g)
パプリカ(赤・黄) 各¼個(各40g)
にんにく ……………………… ½かけ
　　┌ ごま油 ………………… 小さじ½
A │ 塩 …………………………… 小さじ⅕
　　└ 白いりごま ……………… 小さじ2

✕作り方

1 水菜は5cm長さに切り、さっと
ゆでてざるに取り、水けをきる。パ
プリカは細切りにする。
2 にんにくをすりおろし、**A**と合
わせてよく混ぜる。**1**を加えてあえ
る。

42 kcal 塩分0.9g

きのことこんにゃくの辛子炒め

食物繊維たっぷりでダイエットに最適

✖材料(2人分)

えのきだけ・しめじ		各20g
こんにゃく		1枚(250g)
A	みりん	大さじ½
	酒・しょうゆ	各小さじ2
	練り辛子	小さじ⅓
ごま油		小さじ½

✖作り方

1 えのきだけは石づきを落とし、3等分に切る。しめじは根元を落とし、小房に分ける。こんにゃくは一口大にちぎり、下ゆでをする。
2 Aを合わせてよく混ぜておく。
3 フライパンでこんにゃくをからいりし、水分を飛ばす。ごま油を入れ、えのきだけ、しめじを加えて炒め合わせる。
4 2を加えて、全体にからめる。

42 kcal 塩分1.1g

キャベツとわかめのしらすあえ

柔らかく蒸したキャベツを磯風味に

✖材料(2人分)

キャベツ		3枚(50g)
わかめ(乾燥)		4g
A	しらす干し	大さじ3
	しょうゆ	小さじ1
	ごま油	小さじ½

✖作り方

1 キャベツはせん切りにしてさっと水で洗い、水けをきらずに鍋に入れ、ふたをして中火にかける。蒸気が上がったら弱火にして1分蒸し、菜箸でざっとかき混ぜたら、ふたをして火を止める。しんなりするまで余熱で蒸らし、皿に広げて冷ましておく。
2 わかめは水でもどし、食べやすい大きさに切る。
3 1のキャベツの水けをきり、わかめとともにボウルに入れ、Aを加えてあえる。

42 kcal 塩分0.5g

プチトマトのオニオンドレッシングサラダ

トマトの甘みと玉ねぎの辛みがよく合う

✖材料(2人分)

プチトマト		20個
玉ねぎ		¼個(50g)
A	塩	少々
	砂糖	小さじ⅓
	米酢	大さじ1
刻みパセリ		適量

✖作り方

1 プチトマトはへたを取り、半分に切る。玉ねぎはみじん切りにする。
2 Aをよく混ぜ合わせ、1の玉ねぎを加えて15分以上おく。
3 食べる直前にトマトに2をかけ、パセリを全体にふる。

42 kcal 塩分0.3g

ブロッコリーともやしのペペロンチーノ風

にんにくの香りが食欲をそそる

✖材料(2人分)

ブロッコリー	⅓株(80g)
もやし	⅕袋(20g)
にんにく	1かけ
オリーブ油	小さじ1
赤唐辛子	少々
塩・こしょう	各少々

✖作り方

1 ブロッコリーは小房に分け、さっとゆでる。もやしはひげ根を取る。にんにくはみじん切りにする。
2 フライパンにオリーブ油とにんにくを入れて火にかけ、香りが出たら、赤唐辛子、もやしを加えて炒める。しんなりしたら、ブロッコリーを加え、塩、こしょうで味をととのえ、ブロッコリーに火が通るまで炒める。

43 kcal 塩分1.0g

よくばりピクルス

根菜からサラダ野菜までたくさん漬け込んで

✖材料(2人分)

かぶ		½個(40g)
にんじん		⅕本(30g)
きゅうり		⅓本(30g)
キャベツ		2枚(30g)
パプリカ(黄)		½個(80g)
A	塩	小さじ1
	水	¼カップ
B	砂糖	大さじ½
	酢・水	各¼カップ
	みりん	小さじ1
	赤唐辛子	適量
	黒こしょう	少々

✖作り方

1 かぶは皮をむいて4等分に、にんじんは5mm幅の輪切りに、きゅうりは1cm幅の輪切りにする。キャベツはざく切りに、パプリカは1cm幅に切る。
2 保存容器にAを合わせ、1の野菜を入れて一晩漬け込む。
3 鍋にBを合わせ、沸騰させて冷ます。
4 2の水けをきり、3に漬ける。保存容器で2〜3日漬け込んだら食べごろに。

きのこの カラフルマリネ

44 kcal 塩分0.9g

ほのかなオレンジの香りが
アクセント

✂ 材料(2人分)

しめじ・えのきだけ・生しいたけ	各20g
玉ねぎ	20g
パプリカ(赤・黄)	各20g
きゅうり	½本(50g)
わかめ(乾燥)	2g
A　酢	大さじ½
オリーブ油	小さじ1
塩	小さじ¼
オレンジの絞り汁	40g

✂ 作り方

1 しめじ、えのきだけは石づきを落としてほぐす。しいたけは5mm厚さの薄切りにする。合わせて熱湯でさっとゆで、ざるに取って水けをきる。
2 玉ねぎ、パプリカ、きゅうりは2mm幅の薄切りにする。わかめは水でもどして、ざく切りにする。
3 ボウルにAを混ぜ合わせ、1、2を加えて漬け込む。

しらたきと わかめの卵とじ

44 kcal 塩分2.2g

卵をとろりと半熟に
仕上げるのがおすすめ

✂ 材料(2人分)

しらたき	½袋(100g)
わかめ(乾燥)	5g
めんつゆ(3倍濃縮)	大さじ2
水	大さじ4
溶き卵	½個分

✂ 作り方

1 しらたきは熱湯でさっとゆで、食べやすい長さに切る。わかめは水でもどし、洗って水けをきる。
2 鍋にめんつゆと分量の水を入れ、1を加えて火にかける。煮立ったら溶きほぐした卵を回し入れ、火を止める。そのまま余熱で半熟くらいになったら、器に盛る。

豆腐サラダ

44 kcal 塩分1.6g

ゆずこしょうを
ピリッときかせて

✂ 材料(2人分)

絹ごし豆腐	¼丁(80g)
大根	1cm(30g)
サニーレタス	1枚
ポン酢じょうゆ	大さじ2
ゆずこしょう	小さじ1

✂ 作り方

1 豆腐は一口大に切ってゆで、水きりをして冷蔵庫で冷やしておく。大根は5mm幅のいちょう切りに、レタスは食べやすい大きさにちぎる。
2 ポン酢じょうゆ、ゆずこしょうを混ぜ合わせておく。
3 器にレタスを敷いて大根、豆腐を盛り、2を回しかける。

ごぼうと こんにゃくの おかか煮

45 kcal 塩分1.2g

ごぼうと削り節のうまみの
相乗効果

✂ 材料(2人分)

こんにゃく	⅓枚(80g)
ごぼう	⅓本(70g)
だし汁	¼カップ
A　酒・みりん・しょうゆ	各大さじ½
塩	少々
削り節	少々

✂ 作り方

1 こんにゃくは熱湯でさっとゆで、太めの短冊切りにする。ごぼうは3mm厚さの斜め薄切りにし、さっとゆでる。
2 鍋に1、だし汁、Aを合わせ、弱火で煮る。煮汁が少なくなったら、削り節をふり入れ、汁けがなくなるまで煮つめる。

緑野菜の ごまみそがけ

45 kcal 塩分1.4g

ごまみそ風味で
野菜がペロリと食べられる

✂ 材料(2人分)

レタス	⅓個(150g)
きゅうり	1本(100g)
貝割れ菜	½パック(40g)
もやし	¼袋(50g)
塩	小さじ½
A　すりごま・砂糖・しょうゆ	各小さじ1
みそ	小さじ½

✂ 作り方

1 レタスは食べやすい大きさにちぎり、さっと水洗いする。きゅうりは斜め薄切りにする。
2 貝割れ菜は水洗いし、根元を落として半分に切る。もやしはひげ根を取り、水に浸してパリッとさせ、ざるに取って水けをきる。
3 ボウルに1を入れて塩をふり、5分おいてしんなりさせる。さっと水洗いして、ざるに取って水けをきる。
4 2、3を器に盛りつけ、Aをよく混ぜ合わせて回しかける。

46 kcal
塩分0.8g

三色あえ

緑・黄・赤の彩りよしの
あえもの

❌材料(2人分)

春菊	¼わ(60g)
豆もやし	30g
かに風味かまぼこ	1と½本
しょうゆ・ごま油	各小さじ1

❌作り方

1 春菊、豆もやしは塩少々（分量外）を加えた熱湯でゆで、ざるに取って水けをきり、春菊は食べやすい大きさに切る。かに風味かまぼこは、手で細かくほぐす。
2 しょうゆ、ごま油を混ぜ合わせ、食べる直前に**1**と合わせてあえる。

---

47 kcal
塩分1.4g

山いもと
なめたけの
わさびおろしあえ

代謝を活発にする
ネバネバあえもの

❌材料(2人分)

山いも	50g
大根おろし	½カップ
なめたけ(市販品)	60g
わさび	適量
刻みのり	適量

❌作り方

1 山いもはせん切りにする。大根おろしは軽く水けをきっておく。
2 なめたけ、わさびを混ぜる。
3 器に**1**を盛り合わせ、**2**をかけて刻みのりを散らす。

50kcal台

50 kcal
塩分0.2g

粉ふきいもの
青のりあえ

青のりであえるだけで
立派なおかずに

❌材料(2人分)

じゃがいも	1個
塩	少々
青のり	小さじ1

❌作り方

1 じゃがいもは皮をむき、一口大に切る。
2 鍋に湯を沸かし、塩を加えて**1**をゆでる。竹串がスッと通る柔らかさになったら、湯は捨てて、鍋をゆすりながら火にかけて水けを飛ばす。
3 じゃがいもの粉がふいたら火を止め、青のりをふって全体にからめる。

---

55 kcal
塩分0.6g

ラタトゥイユ

パスタなどにぴったりの
定番常備菜

❌材料(2人分)

かぼちゃ(種とワタを取り除く)	100g
玉ねぎ	¼個
パプリカ(赤)	½個
セロリ	½本
トマト水煮缶	½缶
顆粒スープの素	小さじ½
オリーブ油	小さじ1

❌作り方

1 かぼちゃ、玉ねぎは1cm角に切る。パプリカはへたと種を取り、セロリは筋を取って、それぞれ1cm角に切る。
2 フライパンにオリーブ油を熱し、**1**の野菜を炒める。全体に油がまわったら、トマト水煮缶、顆粒スープの素を加える。
3 野菜が柔らかくなるまで煮込む。

---

58 kcal
塩分0g

オレンジと
レーズンの
はちみつマリネ

天然の甘みと酸味で
デザート感覚の小鉢

❌材料(2人分)

オレンジ	1個
レーズン	小さじ2
はちみつ	小さじ2

❌作り方

1 オレンジは皮をむき、薄皮をむいて果肉を取り出しておく。
2 ボウルに**1**、レーズン、はちみつを合わせ、そのまましばらくおいて味をなじませる。

料理用語辞典

「煮きる」とか「ゆでこぼす」とか、レシピには当たり前のように使われている料理用語の数々。
知っているようで意外にわかりにくい、そんな用語をまとめて解説します。

あ

✿ 青味

盛りつけた料理を引き立てるために添える緑色の野菜のこと。色や香りのバランスを考えて使う。和風の煮ものには、ゆでたさやいんげんやさやえんどう、汁ものにはみつば、木の芽などがよく使われる。

✿ 油通し

主に中華料理で使われる下ごしらえの手法。煮たり、炒めたりする前に、材料を軽く揚げておくことをいう。油通しをすると火の通りが均一になり、水っぽさが抜けたり、色よくなったり、食材にコクを与えたりすることができる。肉、魚、野菜、ナッツ類によく使われ、そのままか、卵液か片栗粉をまぶしてから油通しをする。油は、通常、100～160度の低い温度で揚げる。あとで本調理をするので、ここで中まで完全に火を通す必要はなく、さっと油に通す程度にする。

✿ アク抜き

食材に含まれている渋みやえぐみなどを、水にさらしたり、ゆでたりして取り除くこと。さらに、ごぼうやれんこんは酢水にさらし、なすは塩水につけると色もきれいに仕上がる。たけのこは米ぬかと赤唐辛子とともに水からゆでると、えぐみが抜けて風味がよくなる。

✿ アクをすくう（アクをとる）

食材を煮るとアクが浮いてくるので、お玉や網などですくいとること。水を張ったボウルを用意し、ここにすくったアクをお玉や網ごとつけてアクを落とし、軽く洗って、またアクをすくう。アクをていねいにすくいとると、仕上がりの味や煮汁の色がよくなる。

✿ 油抜き

油揚げや厚揚げ、さつま揚げなど、一度油で揚げた食品の表面に残っている油を除くこと。ざるにのせて熱湯を回しかけるか、さっとゆでる。これで油臭さがなくなり、本調理の味がよくしみるようになる。

✿ あたる

ごまなどの材料をすり鉢に入れ、すりこ木ですりつぶすこと。「する」という言葉は、賭け事でするなどに通じて縁起が悪いので「あたる」という言葉を使っている。するめを「あたりめ」というのも同じ理由。

✿ アルデンテ

中心にごく細い芯が残るくらいにパスタをゆで上げた状態。ほどよく歯ごたえがあり、理想のゆで上がりとされる。パッケージに表示されたゆで時間より、1分ほど少なめにするのがちょうどいいといわれている。ゆでてから時間がたつと、余熱でアルデンテではなくなるので、ゆでたてをすぐに食べるのがよい。

✿ 粗熱をとる

加熱直後のアツアツの状態から、少しさますこと。完全に冷やさず、やや熱がとれたくらいでよい。ほとんどの場合は、鍋などに入れたまましばらくおけばいいが、急ぐときは鍋ごと水につけることもある。余熱で火が通りすぎるのを防ぐため、ゆでた野菜などをざるに上げて広げ、うちわなどであおいでさますこともある。

✿ 板ずり

きゅうりやふきなどに行う下ごしらえ。塩をまぶしてすり込み、まな板の上で両手でゴロゴロところがす。塩の脱水作用により、余分な水けが抜け、調味料がしみ込みやすくなる。緑色が鮮やかになる効果もある。

✿ 浮き実

スープや汁ものを器に盛り、彩りや食感の幅を広げるために浮かせるもの。クルトンやパセリ、グリーンピースなどが代表的。

✿ 裏ごし

ゆでた野菜や卵、魚などを裏ごし器を通してつぶし、なめらかできめ細かいペースト状にすること。材料を網目に対して斜めに置き、木ベラなどで手前にギュッと押しつけるようにしてつぶす。

✿ 落としぶた

煮ものをするときに、材料に直接のせるふたのこと。こうすると、少ない煮汁を材料全体に行き渡らせることができる。

か

✿ 隠し味

食材の風味を引き立てたり、料理のアクセントにするために、ごく少量の調味料を加えること。主となる調味料のじゃまをせず、入れたことがわからない程度に使う。たとえばおしるこを作るときに、砂糖のほかに塩をごく少量入れるが、この塩は、甘みを引き立たせるための隠し味。

✿ 隠し包丁

見えない面に、味をしみやすくするために切り目を入れること。ふろふき大根など、大きく輪切りにした大根などの片面に、厚みの3分の1くらいまで十文字に切り目を入れる。火の通りをよくする効果もある。忍び包丁ともいう。

✿ 飾り包丁

飾りになるように、素材の表面に浅く切り目を入れること。味をしみみやすくしたり、皮の破裂を防ぐ効果もある。たとえば揚げなすやいかなどの表面に、斜め格子状（鹿の子）に切り目を入れるのも、飾り包丁のひとつ。

✿ かぶるくらいの水

材料をゆでたり煮たりするときに、材料が水（煮汁）から頭を出さない程度にかぶっている状態。

料理用語辞典

からいり

鍋やフライパンに油をひかずに、材料を加熱すること。ごまや煮干しをからいりすると香りが立って香ばしくなる。こんにゃくやしらたきは、余分な水分が抜けて歯ざわりがよくなる。弱めの中火で、焦げそうになったら火から離し、鍋を揺すりながらやるとよい。

こす

液体中のかすなどを取り分けるために、こし器を通すこと。こし器がない場合は、細かい目のざるに通したり、ざるにキッチンペーパーを敷いてこすこともある。豆腐などの固体を均一なペースト状にするために、こし器やざると通すことも「こす」という。

こそげる

包丁の背や刃などを使って、素材の表面のものをごく薄くこすり落とすこと。魚のウロコや、ごぼうの皮を落とすことをいう。ウロコは尾から頭に向かってギュギュッとこすり、ごぼうの皮は上から下へ向けてこすりとる。里いもなどの皮をタワシでこすり、汚れを落とすことも、こそげるという。

さ

酒蒸し

魚介類や野菜に酒や塩をふって蒸すこと。主に、魚介類に塩をふって味をなじませ、あれば昆布などを敷いた皿にのせて酒をふり、皿ごと蒸し器で蒸す。生臭みが抜け、ふっくらと仕上がる。

差し水

うどんやそうめんなどをゆでている途中、沸騰して吹きこぼれるのを防ぐために加える水のこと。びっくり水ともいう。

さっくりと混ぜる

粉類を液体などと混ぜるとき、練らずにヘラなどで切るように混ぜること。ケーキの生地を作るときは、泡を消さずて立てた卵に粉を混ぜるときは、泡を消さず、粉類のグルテンを出さないようにさっくりと混ぜるのが鉄則。

さらす

主に野菜のアクを抜くために、水に浸すことをいう。じゃがいもやさつまいもは、でんぷん質を除くために水にさらす。ゆでたほうれん草は、冷水にさらすとアクが抜ける。

塩抜き

保存のため、強く塩をまぶしているものの塩けを抜くこと。塩出しともいう。主に塩蔵わかめや漬けものの塩けを抜くためにする。真水に長時間つけすぎるとうまみも出てしまうので、薄い塩水に入れ、しばらく浸し、そのあと真水にかえると早く塩けが抜ける。長くつけすぎると身がだれるので、途中で味見をしてチェック。

塩もみ

材料に塩をふりかけて手で軽くもみ、水分を出してしんなりさせること。きゅうりや大根、かぶを酢のものや即

塩ゆで

材料を、湯に塩を加えてゆでること。青菜類やグリーンピース、ふきなど、緑色を鮮やかにゆでて上げ、軽い塩味をつけることもできる。材料独特の風味や持ち味を生かすため、塩味だけで調味して煮上げる場合にもいう。熱湯に塩を入れてから材料をゆでる場合と、あらかじめ材料に塩をまぶしておいてからゆでる場合がある。どちらの場合も短時間で歯ごたえよくゆでる。

下味

調理をする前に、材料が生のうちに塩、こしょう、酒、しょうゆ、みそといった調味料などをもみ込んでしばらく置き、薄く味をしみ込ませること。みそ床やマリネ液に漬け込むこともいう。味をつけるだけでなく、材料のクセや臭みを抜いたり、堅いものを柔らかくしたりする効果もある。

下煮

本調理をする前に、あらかじめ材料にある程度の味をつけて煮ておくこと。堅くて煮えにくいものや、味のしみにくいものは下煮しておくと、ほかの材料と味のバランスがとれ、材料の持ち味が生きる。

席漬け

席漬けにするときに用いる。きゅうりの酢のものの場合は、薄い小口切りにして、塩をふって全体にまぶして手でもみ込む。しんなりし調理のときに、早く、しっかりと味をて水分が出てきたらさっと水で洗い、軽く絞ってから使う。

下ゆで

アクの強いものや、ぬめりのあるもの、色を鮮やかに出したいものなどを、本調理の前に堅めにゆでておくこと。本調理のときに、早く、しっかりと味をしみ込ませる効果もある。火が通りにくい大根やにんじん、ごぼうなどの根菜類は水からゆで、青菜類やブロッコリーなどは湯からゆでる。

霜降り

肉や魚などを、沸騰した湯にさっと通すこと。下ごしらえのひとつ。表面の色が変わったらすぐに引き上げ、あとで本調理をするので中は生のままでよい。たっぷりの冷水を用意しておき、引き上げたらすぐにつけ、余熱で火が通るのを防ぐ。こうすると臭みが抜け、身が締まってうまみが逃げにくくなる。

しらがねぎ

ねぎをごく細いせん切りにし、水に放してシャキッとさせたもの。めん類や鍋ものの薬味にしたり、煮ものに添えたりする。

素揚げ

材料にころもをつけずに、そのまま油で揚げること。かぼちゃ、なす、ししとう、じゃがいも、昆布などは、よく素揚げにする代表的な素材。焼きものや煮もののつけ合わせにすることが多い。水けが残っていると揚げるときに油がはねて危ないので、十分にふきとってから揚げる。

吸い口

みそ汁やすまし汁など、和食の汁ものに香りを添えるもの。器に注いでから、最後にごく少量を添え、味わいを引き立てる。木の芽やみょうが、小口切りにしたねぎ、白髪ねぎ、細切りにしたゆずなどが代表的。

すが立つ

火加減が強すぎたり、加熱時間が長すぎたりすることによって、表面に細かい泡のような穴があいてしまうこと。茶碗蒸しや卵豆腐、湯豆腐、カスタードプリンなど、卵や豆腐を使った料理で起こることが多い。すが立つと、なめらかさがなくなり、味も見た目も悪くなる。

すじ切り

肉の赤身と脂身の間にあるすじに数か所包丁で切り目を入れること。加熱して縮むのを防ぐ。

砂抜き

貝が含んでいる砂を吐かせること。あさりやはまぐりなどの海の貝は、3%ほどの塩水につける。しじみは湖や川の貝なので真水で。貝の頭が少し出るくらいの量の塩水(または水)につけ、暗く静かな場所に30分から1時間ほどおく。新聞紙をかぶせておいてもいい。「砂抜き済み」と表示されていても、念のために30分ほど行うと安心。

背ワタ

えびの背にある黒いすじのように見

える腸管。調理する前に、竹串などの背中の中央に包丁で縦に切り目を入れ、刃先で引っぱり出してもよい。えびなどの中央に包丁で縦に切り目を入れ、刃先で引っぱり出してもよい。取り除くと、仕上がりの味と見た目がよくなる。

た

たっぷりの水

材料をゆでたり、煮たりするときに、材料が水(煮汁)の中で泳ぐくらいの十分な水。いも類や大根といった根菜など堅いものに火を通すときには、たっぷりの水でゆでる。

ダマになる

粉を水分に混ぜるときに、小さなつぶつぶのかたまりになってなめらかに溶けきっていないこと。ホワイトソースを手作りするとき、この失敗が起こりやすい。ただし、天ぷらのころもは、混ぜすぎるとグルテンが出てサクッと揚がらなくなるので、少しダマが残っている状態でOK。

つなぎ

ハンバーグやうどん、そばのめんを作るときに材料同士がよく混ざり合って、まとまりよくするために加えるもの。卵やパン粉、おろした山いもなどが使われ、材料といっしょによく混ぜる。

手開き

いわしのように、身が柔らかい魚を手で開く方法。包丁を使わずに手指で行うので、この名がある。

える季節感を感じさせる。

天盛り

器に盛ったもの、あえもの、煮ものなどの中央に飾る添えもの。針しょうが、木の芽、白髪ねぎなどがよく使われる。料理に色と香りを添え、季節感を感じさせる。

とろみをつける

片栗粉やくず粉を水で溶き、煮汁やスープに加えて、とろりとした濃度をつけること。片栗粉やくず粉は倍量の水でよく溶いてから加える。片栗粉の場合は特に水溶き片栗粉といい、煮汁やスープが煮えているところに回し入れ、とろみがつくまで大きく混ぜる。

な

鍋肌

鍋の内側の側面。特に中華鍋によく使われ「調味料を鍋肌から入れる」と使われる。料理に煮汁や具材に直接入れるのではなく、鍋の縁から伝わせるように加えることを指す。こうすることで、しょうゆやごま油などの調味料の香りを引き立てることができる。

ルコール分に火をつけて燃やす方法もある。アルコールのにおいが、料理の風味を損なうことがあるので、酒やみりんを多く使う場合は、煮きってから使うとよい。

煮つめる

煮ものの煮汁を煮て、水分を蒸発させること。トマトソースやミートソースなど、弱火でコトコトと煮つめることで、水分が少なくなり、濃厚な味わいになる。

は

半解凍

冷凍したものを解凍するときに、周囲は解凍されているが、中心部分はまだ固まって凍っている状態。カチカチではないので、包丁で切ることができる。冷凍した肉や魚は、半解凍だと切り分けやすいことが多い。

ひたひたの水

ゆでたり、煮たりするときに、材料が水(煮汁)からほんの少し頭を出している状態。煮くずれしやすいものや、落としぶたをして煮るとき、炒め煮のときに。

ひと煮立ち

煮汁を沸騰させ、ひと呼吸おいたらすぐに火を止めること。合わせ酢やだしじょうゆを作るときなど、長く煮すぎると、臭みが出たり、風味がとんでしまったりするときに用いる調理法。

つなぎ

ハンバーグやうどん、そばのめんを作るときに材料同士がよく混ざり合って、まとまりよくするために加えるもの。卵やパン粉、おろした山いもなどが使われ、材料といっしょによく混ぜる。

鍋を揺する

焼いたり、炒めたりするとき、鍋を揺すって材料を動かすこと。素材にまんべんなく火を通したり、調味料や素材同士をよく混ぜ合わせることができる。

煮きる

酒やみりんのアルコールを、沸騰させて蒸発させること。さらに蒸発した

162

料理用語辞典

ま

✿ 振り洗い
かきやあさりのむき身など、身が柔らかい貝類を洗うときの方法。身をくずさないように、両手でやさしく持ち上げるようにして、塩水や水の中で振るように洗う。また、青菜類などの葉の間に入り込んだ泥などの汚れをとるときにも使う。この場合はたっぷりの水につけ、水の中で振って汚れを落とす。

✿ ふるう
小麦粉をふるいに通し、かたまりになっている部分をくずしてきめ細かくすること。全体に空気を含ませることもできる。ケーキやクッキーなどを作るときは、あらかじめ粉をふるっておく。専用の粉ふるいがない場合は、ざるで代用できる。

✿ 回し入れる
調味料などを、1か所からではなく、鍋やフライパンに対して回すように入れること。こうすると、煮汁や材料にムラなく混ざりやすい。

✿ 水きり（豆腐）
調理の前に豆腐の水分を抜くこと。豆腐ステーキや雷豆腐、揚げだし豆腐など、焼いたり、炒めたり、揚げたりするときは必須の下ごしらえ。キッチンペーパーで包んで電子レンジにかけたり、重しをしたり、ゆでたりして水きりをする。冷ややっこなどの場合は、軽く水きりをする。煮る場合は不要。

✿ 水にとる
ゆでた材料を、すぐに水を張ったボウルなどに入れてさますこと。ほうれん草やグリーンピースなどは、水にとることで余熱で火が入るのを防ぎ、シャッキリと仕上がる。ただし、つけすぎると水っぽくなるので、さめたらすぐにざるに上げて水けをきる。

✿ 水に放す
水につけることと同意。野菜などをたっぷりの水につけるときに使われることが多い。アクを抜いたり、野菜をパリッとさせることができる。つけすぎると水っぽくなることがあるので、5〜10分を目安にする。

✿ 身をしめる
塩や酢などで魚の余分な水分を抜くこと。臭みもとれて、うまみが引き出される。殺菌効果も期待できる。しめさばが代表的。

✿ 面取り
煮くずれを防ぎ、見た目をきれいに仕上げるために野菜の切り口の角をごく浅くそぎとること。大根、かぼちゃ、にんじん、里いもなどを長く煮るときに行うことが多い。

✿ もどす
乾物を水またはぬるま湯につけ、水分を含ませて元の状態にもどすこと。乾物により5〜30分つけ、つけた水や湯はもどし汁といい、干ししいたけや干しえびなどはうまみが出ているので料理にもよく使われる。春雨は、スープなどさらに熱を通す料理でなければ、熱湯に5〜10分つけるか、ゆでてもどす。

や

✿ 湯せん
材料を入れた小さなボウルなどを、ひとまわり大きな鍋で熱した湯につけて、材料に熱を通すこと。直接火にかけないので、焦げやすいもの、加熱によって固くなってしまうものに適している。黄身酢を作るときや、バターやふやかしたゼラチンを溶かすときに湯せんにかける。

✿ ゆでこぼす
材料を下ゆでしてざるに上げること。アクや渋み、ぬめり、においなどを除くことができる。たとえば里いもは水からゆでてざるに上げることで、ぬめりがとれる。

✿ 湯通し
材料にさっと熱湯をかけたり、熱湯にくぐらせること。材料の臭みや余分な脂を除いたり、表面を熱で固めてうまみをとじ込めたり、口あたりをよくしたり、殺菌などの目的で行う。

✿ 湯むき
トマトなどの皮をむくとき、熱湯にさっとくぐらせたあと、すぐに冷水で冷やしてむくこと。加熱で皮が縮んでむけるので、むきやすくなる。トマトはヘタと反対側の下端に切り目を入れて熱湯にくぐらせると、むきやすい。

わ

✿ 予熱
オーブンやオーブントースター、グリルを、調理の前にあらかじめ温めておくこと。温度設定ができる場合は、指定の温度に設定して予熱する。オーブンやグリルの中の温度を一定にし、きれいに仕上げることができる。

✿ 割り下
鍋料理などに使われる調味した煮汁のこと。割り下地の略。だしにしょうゆ、砂糖、みりんなどを加えて煮たもので、調合は料理によって異なる。関東風のすき焼きは、割り下で味つけするのが一般的。柳川鍋や鴨鍋など、味の濃い煮ものに使われることが多い。

材料辞典

日本の伝統食材から、ハーブや洋野菜、中華調味料まで、私たちのキッチンにはあらゆる材料が集まっています。本書のレシピに登場したものを中心に、食材の知識を深めましょう。

あ

✿ 赤みそ
大豆に直接麹菌をつけて作る豆みそ。やや酸味がある香りが特徴で、いろいろな料理に使いやすい。「仙台みそ」が代表的。

✿ アンチョビー（フィレ）
小型の片口いわしを三枚におろして塩蔵、熟成させ、油漬けにしたもの。少量で強いうまみがある。イタリア料理でよく使われる。

✿ イタリアンパセリ
セリ科のハーブ。葉が平らで、パセリに比べると香りがおだやか。洋風の料理の仕上げに添えたり、刻んでドレッシングに加えたりする。

✿ 岩のり
岩の上に自生する天然の海草から作られるのりで、日本海沿岸で冬季に採れる。みそ汁やスープ、ラーメンなどに。

✿ 五香粉（ウーシャンフェン）
中華のミックススパイス。必ずしも5種入っているわけではなく、シナモン、クローブ、さんしょう（花椒）、フェンネル、八角などを主体に、いろいろなミックスしているという意味。つんとくる香りと同時に、シナモンの甘い香りもする。

✿ 塩蔵わかめ
海から採取したわかめを湯通しし、冷やして塩をまぶし、脱水（塩蔵処理）したもの。湯通しによって、褐色から鮮やかな緑色になる。料理には、塩を落とし、軽くもどしてから使う。

✿ エンダイブ
フランス名はシコレ。ほろ苦い独特の風味で、内側の柔らかく白い葉をサラダに、外側はおひたしなどに。

✿ オイルサーディン
いわしを油漬けにしたもの。缶詰のものが多い。加熱してあるので、そのままでも食べられる。

✿ オリーブ
オリーブの実を塩漬けにしたもの。黒いものは緑のものより柔らかく、まろやかな風味。種を抜いたものもある。スタッフドオリーブは、種をくりぬいて、赤ピーマン、アーモンド、アンチョビーなどを詰めたもののこと。

✿ オレガノ
さわやかな香りが特徴。サラダやピザ、トマトソースに加える。ドライのものもあるが、生のほうが香りがよい。

か

✿ ガラムマサラ
カレーの風味づけなどに使われる代表的なミックススパイス。シナモン、クローブ、カルダモンなどが主原料。

✿ カマンベールチーズ
フランス、カマンベール地方原産。白カビタイプのナチュラルチーズ。柔らかくとろりとした舌ざわりが特徴。

✿ 木の芽
さんしょうの若い芽。品のよい香りがして、吸い口としてよく使われる。鮮やかな緑色なので、和食の彩りとしても重宝。

✿ クリームチーズ
生クリームまたはクリームと牛乳の混合物から作る非熟成の軟質チーズ。おだやかな酸味とバターのようなめらかな食感が特徴で、パンやベーグルにぬって食べたり、チーズケーキの主な材料として利用される。

✿ クローブ
バニラのような強い香りのある香辛料。ホールタイプは釘のような形をしていて、丁子ともいわれる。肉類の煮込み料理やピクルスにもよく使われる。

✿ 玄米
もみ殻だけを除いた、精白していない米。精白米に比べて、ビタミンやミネラル、食物繊維を多く含み、健康食品として注目されている。かみごたえがあり、香ばしい風味がある。圧力鍋や、炊飯器の玄米炊きモードで炊く。

✿ 粉唐辛子
赤唐辛子を乾燥させ、粉状にしたもの。キムチ作りから煮もの、炒めものの、あえものなど韓国料理によく使われる。韓国産のものは、辛さが控えめ。

✿ 粉ざんしょう
さんしょうの果皮を粉末にしたもの。ピリッとした辛みと香りが特徴。うなぎのかば焼きには欠かせない。煮魚の煮汁に加えて臭み消しにすることも。

✿ コーンスターチ
とうもろこしから作られるでんぷんで、プリンなどの食品の凝固剤としてよく使われる。フランス料理や中華料理のとろみづけにも用いるが、片栗粉のように透き通った仕上がりにはならないのが特徴。

✿ ゴルゴンゾーラチーズ
青カビが特徴のナチュラルチーズ。イタリア産。独特のクセとうまみがある。パスタソースに加えても。

さ

✿ サワークリーム
生クリームを乳酸菌で発酵させた、軽い酸味とコクのあるクリーム。スープやシチューに添えたり、ディップやドレッシングに加えても。

✿ シナモン
シナモンの樹皮を乾燥させたもの。独特の甘い香りとほのかな辛みがある。樹皮を丸めたものはシナモンスティック、粉末にしたものはシナモンパウダー。パウダーは、パイやドーナツなどのお菓子に使ったり、カプチーノにふることも。

材料辞典

香菜（シャンツァイ）
さわやかな強い香りがあるハーブ。中華料理やエスニック料理によく使われる。パクチー、コリアンダーともいわれる。

白みそ
米麹の割合が多く、甘みが強い。短期熟成なので早めに使いきる必要がある。「西京みそ」が有名で、白身魚を漬けて西京漬けに。

スモークサーモン
塩漬けにしたさけを燻製にしたもの。スライスして売られていることが多い。おつまみとして食べてもいいが、サラダに加えてもよい。

た

ターサイ
中国原産の葉菜。ターとは「はう」という意味。寒さにあたることで、丈が伸びずに地面をはうように育ち、甘みが増す。下ゆでが不要なうえ、アクも少ないので、中華いためのほか、あえものや鍋ものにも向く。

タイム
気品のある香りが特徴で、肉、魚料理全般と相性がいいハーブ。加熱しても風味が落ちないので、煮込み料理でブーケガルニの材料として欠かせない。

チコリ
フランス名はアンディーブ。根株を伏せ込み、出てくる萌芽を利用する。

チャービル
パセリに似たハーブで、仏名セルフィーユ。繊細な姿とマイルドな香りが人気。加熱しすぎると香りがとんでしまうため、ドレッシングやソース、クリームチーズなどと混ぜたり、料理のトッピングに使う。

チリパウダー
赤唐辛子の粉にオレガノやガーリックパウダーなどをブレンドしたもの。甘い香りがあり、辛みはおだやか。チリコンカンなどに使う。

ディル
さわやかな香りが特徴のハーブ。魚と相性がよく、特にさけとよく合う。細かく刻んでドレッシングに加えてもおいしい。

甜麺醤（テンメンジャン）
中国北部のマイルドな甘みそ。とりがらスープで溶き、砂糖、酒、しょうゆを加えてホイコーローやジャージャーめんなどに。

豆豉醤（トウチジャン）
大豆に麹を加えて発酵させた中国の調味料。深いうまみとコクがある。ホイコーローや麻婆豆腐などに使う。

豆乳
大豆をすりつぶして、こしたもの。冷やしてそのまま飲んだり、鍋ものやお菓子作りに使われる。無調整のものと、飲みやすいように甘みや香料などを足した調整豆乳がある。

豆板醤（トウバンジャン）
そら豆にとうがらしみそなどを加えて熟成させた、中国四川省特産の辛みそ。ピリッとした辛さがあり、麻婆豆腐などに欠かせない。

豆苗（トウミョウ）
えんどうの新芽。元々、中華の高級食材だったが、最近は豆から発芽させたスプラウトが主に販売されている。カロテンを豊富に含む。炒めものやスープなど加熱料理に使われるが、アクが少ないため、下ゆでの必要がなく、生でも食べられる。豆の香りとシャキシャキの歯ごたえがある。

トレビス
イタリアやアメリカ原産のレッドレタス。トレビスは仏名。赤紫色に白の葉脈のコントラストが特徴的で、一見、紫キャベツのような外見だが、まったく違う種類。レタスよりもしっかりしていてキャベツよりも柔らかな、肉厚で適度な歯ざわりの葉で、すがすがしいほろ苦さが持ち味。サラダのアクセントや料理のつけ合わせに。ほろ苦い味が特徴で、サラダに加え、1枚ずつはがしてオードブルの器として使うことも。

な

ナツメグ
強く甘い香りが特徴の香辛料。肉や魚の臭みを消すので、ハンバーグにぴったり。パウダーもあるが、ホールをすりおろして使うとより香りが引き立つ。

生ハム
豚肉を塩漬けにして熟成させた加熱していないハム。イタリアのプロシュート、スペインのハモン・セラーノが有名。そのままおつまみやサラダに。

ナンプラー
小魚を塩漬けして発酵させて作った魚醤のひとつ。タイ原産。独特の風味とうまみがあり、エスニック料理に欠かせない。塩分が強いので使う量に注意。ベトナムの魚醤はニョクマムという。

練りごま
ごまをいってつぶし、ペースト状にしたもの。あえものや、棒々鶏のタレには欠かせない。白練りごまと黒練りごまがある。油分が分離するので、一度混ぜてから使う。

は

バジル
シソ科のハーブ。さわやかな香りが特徴。生のものは、サラダだけでなくパスタなどイタリア料理で幅広く使われる。

八角
シキミ科の果実をさやごと乾燥させたもの。中華料理によく使われ、甘い香りがある。肉の臭み消しにもなる。スターアニスともいう。

材料辞典

❀ バルサミコ酢
イタリアで作られる酢で、ぶどう果汁にワインビネガーを加えて発酵熟成させる。褐色で甘みが強く、濃厚な風味があるのが特徴。風味を生かしてドレッシングに使ったり、ミートソースに隠し味として少量加えたり、ポークソテーなどにかけてソースにしても。

❀ パルメザンチーズ
イタリア原産、ハードタイプのナチュラルチーズ。イタリア語ではパルミジャーノという。粉チーズとして売られていることもあるが、かたまりのものを使うたびにおろすとさらに風味がよい。

❀ ブルーチーズ
牛乳もしくは羊乳をもとに作られるチーズの一種で、青カビによって熟成を行うナチュラルチーズ。用いられる青カビはブルーチーズの種類ごとに異なり、表面ではなく内部にカビを繁殖させる。チーズの中では比較的塩辛いのが特徴。

❀ ベーキングパウダー
お菓子などをふくらませる粉。重曹や酒石酸、焼きみょうばんなどが配合されている。ケーキ作りなどに少量使う。ふくらし粉ともいい、BPと省略されることもある。湿気を吸いやすいので、しっかりふたをして保存する。

❀ ベビーリーフ
葉野菜やハーブの若い葉を摘んだもの。ルッコラやマスタードリーフなど数種類の葉が使われることが多い。サラダリーフ、ミックスリーフともいわれ、そのままサラダやつけ合わせに使える。

❀ 穂じそ
しその穂の部分で、さわやかな香りがある。さしみのつまとしてよく使われる。花がついたものは花穂じそといわれる。

❀ 花椒（ホワジャオ）
中国のさんしょうの果皮を乾燥させたもの。しびれるような独特の辛みと香りがある。麻婆豆腐によく使われる香辛料で、これを加えると本格的な風味が出せる。

❀ マーシュ
ヨーロッパや北アフリカ原産の野菜で、サラダ用として人気。ビタミンやミネラルを豊富に含む。細長い葉で、クセがないあっさりとした味。英語名はコーンサラダ。羊の耳のように丸い葉から、ラムズレタスとも呼ばれる。

ま

❀ マスタード
西洋からし菜の種子をすりつぶし、酢、水などを加えたもの。ピリッとした辛みがあるが、粒マスタードという。ゆでたソーセージやポトフと。種を残したものは、和がらしよりはおだやか。

❀ 松の実
松かさに入っている長さ1cmほどの細長い実。淡泊でいってから柔らかな口あたりが特徴。弱火でいってから煮ものや炒めものに使うと、香りがより豊かになる。

❀ モッツァレラチーズ
イタリア原産のフレッシュチーズ。熟成させていないので、クセが少なく冷蔵保存が必要。弾力のある歯ごたえが特徴。本来は水牛の乳で作るが、牛乳を原料とするものも多い。トマト、生のバジルと合わせてサラダとして食べたり（カプレーゼ）、ピザの具にしても。

❀ ゆずこしょう
青唐辛子とゆずの皮、塩を合わせた薬味調味料。鍋料理やさしみの薬味、うどんやみそ汁などに使われる。ステーキに添えたり、チャーハンに加えてもおいしい。

や

❀ 老酒（ラオチュウ）
中国で作られる米を原料とする醸造酒の総称を黄酒（ホアンチュウ）といい、紹興酒が代表的。老酒は、黄酒を長期熟成させたもの。また、色の濃い黄酒も老酒と呼ぶ。

❀ ルッコラ（ロケット）
地中海沿岸原産の葉野菜。おだやかな苦みと辛みがあり、特に若い葉にはごまに似た風味がある。サラダによく使われるが、炒めものにもよく合う。

ら

❀ ローズマリー
強い香りとほろ苦さがあるハーブ。加熱しても香りが抜けにくいので、そのまま煮込んだり、焼く前に食材にまぶすことが多い。肉や魚の臭み消しにも使われる。生のものとドライのものがある。

好相性。

❀ ローリエ
月桂樹の葉を乾燥させたもの。シチューやカレーなど洋風の煮込み料理に使う。独特の香りがあり、肉や魚の臭みも消す。2人分の煮ものなどには、1枚を半分にちぎって使ってもよい。

❀ ワインビネガー
ワインを発酵させて作る酢で、赤・白がある。ドレッシングやマリネなどによく使う。赤ワインビネガーは風味が豊かで、色をつけたくないときは白を。

❀ 和がらし
日本のからし菜の種子をつぶして練ったもの。マスタードに比べてピリリとした強い辛みがある。からしというと、普通は和がらしのことを指す。

わ

166

材料別索引

肉・肉加工品

●合いびき肉
- コロッケ 38
- ミートローフ 65
- おからハンバーグ 103
- 一口スコッチエッグ 140

●牛ひき肉
- 牛ひき肉とこんにゃくの甘辛丼 108
- ひき肉の卵焼き 132

●豚ひき肉
- 餃子 32
- ロールキャベツ 35
- 和風ポトフ 64
- 豚ひき肉のアスパラ包み焼き 66
- 肉だんごの甘酢あん 66
- 麻婆もやし 67
- ひき肉と野菜のみそそぼろ 67
- きつね餃子 67
- キャベツとひき肉のピリ辛炒め 68
- 豆のトマト煮 95
- 厚揚げの肉ねぎみそ焼き 99
- 麻婆春雨丼 107
- ヘルシーお豆腐丼 109
- 野菜たっぷりチャプチェ 136

●鶏ひき肉
- トマトとひき肉のバジル炒め 24
- 和風ポトフ 64
- かぼちゃの鶏そぼろあん 64
- ひき肉のトマト煮 65
- 油揚げのひき肉はさみ焼き 92
- 大豆と肉のみそ炒め 96
- ひよこ豆入りつくね 97
- 高野豆腐のはさみ煮 101
- 三色丼 108
- ごぼう入りオムライス 110
- こんにゃく入りいり鶏 28
- じゃがいもまんじゅう 135

●牛薄切り肉
- ビーフシチュー 39

●牛こま切れ肉
- 牛肉とごぼうのしぐれ煮 48
- 牛肉とヤングコーンの炒めもの 49
- 牛肉ときのこのデミソース煮 49
- 牛肉じゃが 132

●牛もも薄切り肉
- すき焼き 34
- 牛肉のトマトチリソース 45
- 牛肉ノンフライカツレツ 45
- 牛肉とまいたけの焼き肉のたれ炒め 46
- 牛肉とパプリカの炒めもの 46
- 牛肉のにんにくしょうが焼き 47
- 牛肉と根菜のカムカム煮 47
- 牛肉の香りあえ 47
- 牛丼 47

●牛焼き肉用肉
- 牛肉とチンゲン菜の焼きそば 107
- ビーフサンド 123
- 牛肉とねぎのしょうゆ焼き 125

●牛ヒレ肉
- 牛ソテー ごぼうソース 17
- ステーキ 48

●牛タン薄切り肉
- 牛タンサラダ 44
- 牛タンサラダ 49

●豚薄切り肉
- しょうが焼き 26
- 肉じゃが 31
- 麻婆豆腐 33
- チンジャオロースー 33

●豚もも薄切り肉
- 玉ねぎと豚肉のポン酢炒め 21
- とんカツ 28
- 焼きそば 41
- 肉野菜香味炒め 50
- 豚肉と白菜の蒸しもの 50
- 肉豆腐 31
- ヘルシーポークビーンズ 36

●豚ロース薄切り肉
- 豚肉とピーマンのオイスターソース炒め 51
- 豚肉とこんにゃくのみそ炒め 52
- 豚肉といんげんの塩炒め 53
- 豚肉のおろしあえ 53
- 豆乳ポークシチュー 54
- ゆで豚と野菜のみそスープ仕立て 54
- ポークロール 55
- 豚肉のプチトマト巻き焼き 55
- 豚肉のにら炒め 57
- 豚肉のポン酢炒め 57
- 豚と小松菜の中華炒め 57
- 豚肉の梅風味蒸し 57
- 豚肉とパインのケチャップ炒め 57
- ロール白菜 57
- キャベツとパインのオムそば 123

●豚肩ロース薄切り肉
- 豚肉のデミグラス煮 56

●豚もも肉
- 豚キムチ 56

●ささみ
- エリンギの辛味みそがけ 133
- ささみチーズ焼き 63
- ささみの梅マヨ焼き 63
- ささみのチリソース炒め 63

●砂肝
- 砂肝としししとう炒め 130
- 砂肝のポン酢あえ 131

●鶏手羽元
- 大豆のスープカレー 96
- 鶏肉おかゆアジア風 115

●ラム薄切り肉
- ラムのすき焼き 69

●鶏もも肉
- 青菜と鶏肉のオイスターソース炒め 13
- 鶏の照り焼き 58
- 鶏肉の塩焼きそば 58
- チキントマト煮 59
- 鶏肉とにんじんの炒り煮 59
- 鶏肉とブロッコリーの炒めもの 60
- 玉ねぎたっぷり親子煮 60
- 鶏肉の塩焼き 60
- えびと野菜のうま煮 61
- 照り焼きチキンドッグ 84
- 鶏肉のデミグラス煮 123
- タンドリーチキン 124

●鶏胸肉
- 焼きしいたけとささみの梅肉あえ 134
- から揚げ 15
- 鶏のから揚げ 29
- 野菜カレー 41
- 筑前煮 31
- クリームシチュー 39
- オムライス 41
- チキンシーザーサラダ 61
- 鶏肉とこんにゃくのみそ炒め 61
- 鶏肉の西京焼き 62
- 蒸し鶏 62
- 冷やし中華風そうめん 116
- 豆乳クリーミィスパゲティ 118
- まいたけと鶏肉、ちくわの煮もの 134

魚介・魚加工品

プルコギ風 …… 69

●チャーシュー
ねぎとチャーシューのあえもの …… 144
チャーハン …… 40

●ハム
菜の花とハムのソテー …… 70
豆入りライスサラダ …… 96
豆腐の簡単グラタン …… 100
おからサラダ …… 102
ブロッコリーのコーンクリームがけ …… 136

●ベーコン
エリンギのベーコン巻き …… 68
スペイン風オムレツ …… 69
ひよこ豆とかぼちゃのグラタン …… 97
炒めないチャーハン …… 111
ソースこんにゃく …… 129
ヘルシーラタトゥイユ …… 137
青菜のキッシュ風 …… 142

●冷凍ハンバーグ
煮込みハンバーグ …… 27

●あじ
あじのカレームニエル …… 72
あじのさんが焼き …… 73

●いわし
いわしの蒲焼き …… 74
いわしの梅煮 …… 75

●かじき
かじきの蒸し煮 …… 76
かじきとピーマンのケチャップ炒め …… 76
かじきのゆずこしょう …… 77
かじきのヨーグルトみそ漬け …… 77
かじきとエリンギのチリソース炒め …… 77

●さけ（生）
さけのホイル焼き …… 74
さけときのこの包み蒸し …… 75
さけのマスタード焼き …… 75
しめじとさけの炒めもの …… 134

●さば
さばのみそ煮 …… 30
さばのおろし煮 …… 73

●さんま
さんまの直火焼きみかんソース …… 79

●ししゃも
ししゃもの南蛮漬け …… 81

●白身魚
白身魚と野菜のオーブン焼き …… 79

●たら
たらのピカタ …… 80
たらのにんにくステーキ …… 80
たらのコチュジャン炒め …… 81
白身魚とルッコラのスパゲティ …… 120

●ぶり
ぶりの照り焼き …… 30
ぶり大根 …… 32
ぶりの塩焼き …… 81

●まぐろ赤身（刺身用）
まぐろの和風タルタル …… 78
まぐろの和風ステーキ …… 78
まぐろの照り焼き …… 79
アボカドまぐろ納豆 …… 103

●あさり
あさりの酒蒸し …… 89
あさりと根菜のエスニックがゆ …… 114

●いか
いかのハンバーグ ごぼうソース …… 86
いかと枝豆の塩炒め …… 86
いかとりんごの炒めもの …… 86
いかと大豆のトマト煮 …… 87

●えび
えびとかぼちゃのトマト煮 …… 83
えびとマッシュルームのグラタン風 …… 83
えびとチンゲン菜の蒸しもの …… 84
えびと野菜のうま煮 …… 84
えびとセロリのチリソース炒め …… 85
しいたけのえびづめ焼き …… 85
和風生春巻き …… 85
三色あえ …… 13

●たこ（ゆで）
たこと大豆のケチャップ煮 …… 87
たこボールの辛子じょうゆ …… 87

●帆立貝柱（刺身用）
帆立のガーリック炒め …… 88
帆立のバター蒸し …… 89
大根と帆立のサラダ …… 156

●シーフードミックス
海鮮焼きそば …… 23
シーフードグラタン …… 82
シーフードのトマト煮 …… 82
簡単シーフードピラフ …… 110
簡単シーフードビーフン …… 122

●うなぎ（蒲焼き）
うなぎのサラダスパゲティ …… 120

●じゃこ
プチトマトとじゃこのごま油炒め …… 24
ほうれん草とじゃこのあえもの …… 149

●しらす干し
水菜としらすのスパゲティ …… 119

●白身魚のすり身
白菜としらすのサラダ …… 156
キャベツとわかめのしらすあえ …… 157

●たらこ
たこボールの辛子じょうゆ …… 87
しらたきのたらこあえ …… 19

●明太子
切り昆布の明太あえ …… 126
しらたきの明太あえ …… 145
まさごあえ …… 149

●かに風味かまぼこ
レタスのかにかまあえ …… 13
三色あえ …… 159

●ちくわ
黄パプリカとちくわの煮もの …… 42
簡単きんぴら …… 131
まいたけと鶏肉、ちくわの煮もの …… 134

●はんぺん
はんぺんとにんじんのすまし汁 …… 19
はんぺんと三つ葉のあえもの …… 133
はんぺんの青のりあえ …… 144

野菜

●青じそ
牛肉の香りあえ …… 47
ささみチーズ焼き …… 63
まぐろの和風タルタル …… 78
しいたけの和風タルタル …… 85

●アボカド
アボカドまぐろ納豆 …… 103

●いんげん
いんげんのポン酢じょうゆあえ …… 19
豚肉といんげんの塩炒め …… 52
ロール白菜 …… 57
鶏肉とにんじんの炒り煮 …… 59
厚揚げなめたけソース …… 99
いんげんのピカタ …… 104
三色丼 …… 108
ひじきといんげんのサラダ …… 148
いんげんのレモンがけ …… 149

●枝豆
- いかと枝豆の塩炒め … 91
- 枝豆とツナのスクランブルエッグ … 88

●オクラ
- まぐろの和風タルタル … 78
- 山椒風味のオクラ … 148
- オクラとトマトのあえもの … 154

●貝割れ菜
- 帆立と大根のうま煮 … 88
- 糸寒天サラダ … 151
- 緑野菜のごまみそがけ … 158

●かぶ
- ロールキャベツ … 35
- 和風ポトフ … 64
- かぶの梅肉あえ … 144
- かぶの浅漬け … 145
- かぶの甘酢漬け … 147
- かぶと梅昆布の即席漬け … 148
- よくばりピクルス … 157

●かぼちゃ
- かぼちゃ煮 … 15
- かぼちゃのみそ煮 … 42
- かぼちゃの鶏そぼろあん … 64
- えびとかぼちゃのトマト煮 … 83
- かぼちゃと玉ねぎのソテー … 92
- ひよこ豆とかぼちゃのグラタン … 97
- ブロッコリーと豆腐のホットサラダ … 100
- 焼き野菜の豆腐マヨ添え … 139
- れんこんとかぼちゃのサラダ … 139
- かぼちゃのとろ〜りチーズ … 141
- ラタトゥイユ … 159

●カリフラワー
- カリフラワーのオーロラあえ … 143
- カリフラワーのグラタン … 143

●絹さや
- 絹さやとこんにゃくの炒めもの … 90
- ひじきのポン酢あえ … 129
- 絹さやとえのきのみそ炒め … 154

●キャベツ
- わかめとキャベツのみそ汁 … 15
- 餃子 … 32
- ロールキャベツ … 35
- ゆで豚と野菜のみそスープ仕立て … 53
- 鶏肉とこんにゃくのみそ炒め … 61
- キャベツとひき肉のピリ辛炒め … 68
- キャベツとツナのカレー炒めドッグ … 79
- 野菜ピカタ … 98
- 厚揚げと野菜の蒸し煮 … 111
- 白身魚と野菜のオーブン焼き … 125
- キャベツと油揚げの煮もの … 136
- キャベツのゆかりあえ … 140
- キャベツのゆかりあえ … 145
- キャベツのりあえ … 145
- フルーティコールスロー … 155
- キャベツとわかめのしらすあえ … 157
- よくばりピクルス … 157

●グリーンカール
- チキンシーザーサラダ … 61

●ごぼう
- 筑前煮 … 31
- 牛ソテー ごぼうソース … 47
- 牛肉とごぼうのしぐれ煮 … 48
- 牛肉と根菜のカムカム煮 … 48
- ロール白菜 … 57
- いかのハンバーグ ごぼうソース … 86
- きつね八幡焼き … 98
- ごぼうみそカツ … 110
- ごぼう入りオムライス … 132
- たたきごぼう … 133
- ごぼうとこんにゃくのおかか煮 … 158

●きゅうり
- 五色パラパラそば … 117
- れんこんときゅうりのサラダ … 133
- きゅうりののりあえ … 141
- きゅうりのしょうがあえ … 146
- 三色野菜の水キムチ … 147
- 三色洋風なます … 150
- わかめときゅうりのグレープフルーツあえ … 152
- きのこのカラフルマリネ … 153
- 緑野菜のごまみそがけ … 158
- ロールキャベツ … 158

●グリーンアスパラガス
- 緑野菜のごまみそがけ … 35
- 牛タンサラダ … 49
- 豚ひき肉のアスパラ包み焼き … 66
- アスパラのなめたけあえ … 104
- アスパラガスの梅肉あえ … 150

●小松菜
- 青菜と鶏肉のオイスターソース炒め … 13
- 小松菜の磯辺あえ … 21
- 豚と小松菜の中華炒め … 55
- 小松菜のナンプラー炒め … 70
- たらのにんにくステーキ … 80
- 帆立のガーリック炒め … 88
- 小松菜の辛子あえ … 146
- 小松菜の甘辛あえ … 155
- 小松菜のにんにくソテー … 155

●里いも
- 里いも煮 … 13
- 筑前煮 … 31

●里いも
- 里いもの炊き込みご飯 … 112
- 里いものごまよごし … 126
- 里いも田楽 … 131

●さつまいも
- さつまいものカレー風味茶きん … 92
- 焼き大学いも … 92
- さつまいものりんご煮 … 139

●サンチュ
- 牛肉のにんにくしょうが焼き … 47

●ししとう
- 砂肝としししとう炒め … 130

●じゃがいも
- 肉じゃが … 31
- 野菜カレー … 36
- コロッケ … 38
- 豆乳ポークシチュー … 47
- 豚肉のデミグラス煮 … 56
- スペイン風オムレツ … 69
- かじきの蒸し煮 … 76
- コロッケ風パン粉焼き … 91
- 牛肉じゃが … 132
- じゃがいももまんじゅう … 135
- トマトのじゃがいもはさみ焼き … 137
- 粉ふきいも青のりあえ … 159

●春菊
- 春菊のナムル … 17
- 春菊ののり巻き … 70
- 青菜のチヂミ … 138
- 三色あえ … 159

●ズッキーニ
- 野菜カレー … 36
- 焼き野菜の豆腐マヨ添え … 139

●スナップえんどう
- スナップえんどうのドレッシングマリネ … 104
- れんこんサラダ … 137
- スナップえんどうと桜えびのあえもの … 146

●セロリ
- セロリのかき玉スープ … 21
- えびとセロリのチリソース炒め … 85

●セロリ
- ラタトゥイユ … 98
- セロリのいかくんサラダ … 148
- セロリの甘酢漬け … 156
- 厚揚げと野菜の蒸し煮 … 159

●そら豆
- そら豆のごましょうゆ漬け … 104

●大根
- ぶり大根 … 32
- ステーキ … 44
- 豚肉のおろし煮 … 53
- さばのおろしあえ … 73
- まぐろの和風ステーキ … 78
- 帆立と大根のうま煮 … 88
- 大豆と大根のうま煮 … 96
- 大豆のスープカレー … 131
- 大根のみぞれあえ … 144
- 大根のゆかりあえ … 146
- 大根のマヨあえ … 147
- 三色野菜のマヨあえ … 150
- 大根の水キムチ … 152
- 大根の梅あえ … 152
- 三色洋風なます … 156
- 大根のサラダ … 159

●たけのこ（水煮）
- チンジャオロースー … 33
- えびと野菜のうま煮 … 84
- カリカリ厚揚げ酢豚 … 98
- 韓国風あんかけご飯 … 109

●玉ねぎ
- 玉ねぎと豚肉のポン酢炒め … 21
- しょうが焼き … 23
- 海鮮焼きそば … 26
- 煮込みハンバーグ … 27
- とんカツ … 28
- さばのみそ煮 … 30
- 肉じゃが … 31
- 野菜カレー … 36
- スパゲティミートソース … 37
- コロッケ … 38
- 玉ねぎたっぷり親子煮 … 60
- たらのコチュジャン炒め … 81
- かぼちゃと玉ねぎの蒸し煮 … 92
- 厚揚げと野菜の蒸し煮 … 98
- カリカリ厚揚げ酢豚 … 98
- 親子丼 … 106
- 簡単シーフードピラフ … 110
- オニオンスライスの卵あえ … 129
- ヘルシーラタトゥイユ … 137
- ツナ玉そぼろ … 140
- プチトマトのオニオンドレッシングサラダ … 157

●チンゲン菜
- 牛肉とチンゲン菜の焼きそば … 84
- えびとチンゲン菜の蒸しもの … 123

●つるむらさき
- つるむらさきのごまあえ … 129

●トマト
- トマトとしめじのスープ … 13
- トマトのザー菜あえ … 23
- トマトとひき肉のバジル炒め … 24
- 野菜カレー … 36
- 牛肉のトマトチリソース … 45
- 白身魚と野菜のオーブン焼き … 79
- ヘルシーラタトゥイユ … 137
- トマトのじゃがいもはさみ焼き … 137
- トマトと白しめじのあえもの … 153
- オクラとトマトのあえもの … 154

●長いも
- 大豆のコロコロサラダ … 38
- まぐろの和風タルタル … 78
- ホワイトグラタン … 97

●長ねぎ
- 肉じゃが … 17
- ぶり大根 … 32
- 油揚げとねぎの塩きんぴら … 42
- 肉豆腐 … 51
- 蒸し鶏 … 54
- 豚肉のポン酢炒め … 55
- ポークロール … 62
- 厚揚げの肉ねぎみそ焼き … 99
- あさりと根菜のエスニックがゆ … 114
- 長いもの野菜あんかけ … 128
- ねぎとチャーシューのあえもの … 144

●なす
- 野菜カレー … 36
- 麻婆春雨丼 … 107
- そうめんの和風トマトソースがけ … 116
- なすの炒め煮 … 126
- ヘルシーラタトゥイユ … 137
- 焼き野菜の豆腐マヨ添え … 139
- 焼きなすのポン酢じょうゆがけ … 151

●菜の花
- 菜の花とハムのソテー … 70

●にら
- 海鮮焼きそば … 23
- ラーメン … 32
- 餃子 … 40
- 肉野菜香味炒め … 50
- 豚肉のにら巻き … 55
- 豚キムチ … 56
- きつね餃子 … 67
- あさりのチヂミ … 89
- 麻婆春雨丼 … 107
- にらののり巻き … 147

●にんじん
- はんぺんとにんじんのすまし汁 … 19
- 肉じゃが … 31
- 筑前煮 … 31
- ロールキャベツ … 35
- スパゲティミートソース … 37
- 牛タンサラダ … 49
- ロール白菜 … 57
- 鶏肉とにんじんの炒り煮 … 59
- 和風ポトフ … 64
- 厚揚げと野菜のオーブン焼き … 79
- きつね八幡焼き … 98
- 白身魚と野菜の蒸し煮 … 98
- ひじき煮 … 113
- にんじんの梅煮 … 135
- 野菜ピカタ … 136
- にんじんともやしのナムル … 147
- カリカリ厚揚げ酢豚 … 150
- 厚揚げと野菜の蒸し煮 … 152
- 三色洋風なます … 152
- にんじんとりんごのサラダ … 156

●にんにくの芽
- たらのコチュジャン炒め … 81

●白菜
- ラーパーツァイ … 23
- 豚肉と白菜の蒸しもの … 50
- ロール白菜 … 57
- えびと野菜のうま煮 … 84
- 白菜のレモン漬け … 144
- 白菜のおひたし … 150
- 白菜のごまあえ … 151
- 白菜としらすのサラダ … 156

●バジル
- トマトとひき肉のバジル炒め … 24
- トマトのじゃがいもはさみ焼き … 137

●パプリカ（赤・黄）
パプリカのきんぴら … 21
パプリカとツナのごまあえ … 24
黄パプリカのおかかあえ … 42
黄パプリカとちくわの煮もの … 42
牛肉とパプリカの炒めもの … 46
豚肉とピーマンのオイスターソース炒め … 52
スペイン風オムレツ … 69
ツナとパプリカのオープンオムレツ … 90
五色パラパラそば … 117
ひじきとパプリカのごま油炒め … 126
カリフラワーのオーロラあえ … 143
パプリカのコンビーフあえ … 143
水菜とパプリカのナムル … 156
きのこのカラフルマリネ … 158
ラタトゥイユ … 159

●ピーマン
チンジャオロースー … 33
牛肉とピーマンの炒めもの … 46
豚肉とピーマンのオイスターソース炒め … 52
ピーマンの焼きびたし … 70
かじきとピーマンのケチャップ炒め … 76
ししゃもの南蛮漬け … 81
えびと野菜のうま煮 … 84
カリカリ厚揚げ酢豚 … 98
ヘルシーラタトゥイユ … 137
ピーマンの昆布ごろも … 147
ピーマンの塩昆布あえ … 147
きのことピーマンのアンチョビー炒め … 154

●万能ねぎ
とろろ昆布のスープ … 17
なめたけ＆万能ねぎ入り卵焼き … 133

●プチトマト
コーンとプチトマトのサラダ … 21
プチトマトとじゃこのごま油炒め … 24
豚肉のプチトマト巻き焼き … 54
豆腐の簡単グラタン … 65
サラダうどん … 100
プチトマトのオニオンドレッシングサラダ … 117

●ブロッコリー
鶏肉とブロッコリーの炒めもの … 60
厚揚げと野菜の蒸し煮 … 98
ブロッコリーと豆腐のホットサラダ … 100
ブロッコリーのコーンクリームがけ … 104
大豆のみぞれあえ … 129
ひじきのポン酢あえ … 131
ブロッコリーの塩昆布あえ … 136
ブロッコリーの昆布茶あえ … 148
ブロッコリーのナッツあえ … 151
ブロッコリーの梅おかかあえ … 153
ブロッコリーともやしのペペロンチーノ風 … 157

●ほうれん草
ほうれん草の簡単グラタン … 15
ほうれん草のなめたけあえ … 100
ほうれん草と炒り卵のあえもの … 104
ほうれん草のバジルスパゲティ … 119
青菜のキッシュ風 … 142
ほうれん草とじゃこのあえもの … 149
ほうれん草ののりマスタードあえ … 150

●水菜
水菜としらすのスパゲティ … 119
水菜の煮びたし … 155
水菜とパプリカのナムル … 156

●三つ葉
はんぺんと三つ葉のあえもの … 133

●みょうが
牛肉の香りあえ … 47

●紫玉ねぎ
紫玉ねぎとくるみのサラダ … 24

●もやし
ラーメン … 40
焼きそば … 41
ゆで豚と野菜のみそスープ仕立て … 53
豚キムチ … 56
麻婆もやし … 67
和風生春巻き … 85
鶏肉の塩焼きそば … 123
にんじんともやしのナムル … 152
もやしの韓国風酢のもの … 153
ブロッコリーともやしのペペロンチーノ風 … 157

●豆もやし
豆もやしのナムル … 17
チンジャオロースー … 33
三色あえ … 159

●山いも
山いもとなめたけのわさびおろしあえ … 159

●ラディッシュ
ラディッシュの甘酢漬け … 24

●ルッコラ
白身魚とルッコラのスパゲティ … 120

●レタス
レタスのかにかまあえ … 13
和風生春巻き … 85
大豆のコロコロサラダ … 97
うなぎのサラダスパゲティ … 120
れんこんとかぼちゃのサラダ … 139
レタスのソース炒め … 151
緑野菜のごまみそがけ … 158

●れんこん
筑前煮 … 31
牛肉と根菜のカムカム煮 … 47
あさりと根菜のエスニックがゆ … 114
野菜ピカタ … 136
れんこんサラダ … 137
れんこんのオリーブ油炒め … 139
れんこんのサラダうどん … 139
れんこんときゅうりのサラダ … 141
れんこんのスパイス炒め煮 … 141
れんこんとごぼうの煮 … 144
れんこんとかぼちゃのサラダ … 144

●カット生野菜
サラダうどん … 117

●冷凍温野菜
オムライス … 69

●ミックスベジタブル
オムライス … 41

●炒めもの用カット野菜
野菜たっぷり豆乳おじや … 115
プルコギ風 … 122

●冷凍ごぼう・にんじんミックス
簡単きんぴら … 131

きのこ類

●えのきだけ
きのこのスープ … 23
さけときのこの包み蒸し … 75
シーフードのトマト煮 … 82
簡単かに玉の甘酢あんかけ … 91
豆乳茶碗蒸しときのこのあんかけ … 103
きのこの和風冷製パスタ … 121
きのこの焼きびたし … 153
きのことピーマンのアンチョビー炒め … 154
絹さやとえのきのみそ炒め … 154
きのことこんにゃくの辛子炒め … 157
きのこのカラフルマリネ … 158

●エリンギ
ビーフシチュー … 39
エリンギのベーコン巻き … 68
ラムのすき焼き … 69
かじきとエリンギのチリソース炒め … 77

白身魚と野菜のオーブン焼き　79
いかとりんごの炒めもの　86
大豆のスープカレー　96
炒めないカレー　111
エリンギの辛味みそがけ　133
エリンギの粉チーズ炒め　152
きのこの焼きびたし　153

●しいたけ（生）

きのこのスープ　23
しいたけのえびづめ焼き　40
豚肉と白菜の蒸しもの　50
えびとチンゲン菜の蒸しもの　84
えびと野菜のうま煮　84
しいたけのえびづめ焼き　85
きのこご飯　103
豆乳茶碗蒸しのきのこあんかけ　112
きのこの和風冷製パスタ　121
しいたけとささみの梅肉あえ　134
焼きしいたけとささみの梅肉あえ　143
しいたけのチーズソテー　145
きのこのもずくあえ　153
きのこのカラフルマリネ　158

●しめじ

トマトとしめじのスープ　13
オムライス　41
牛肉ときのこのデミソース煮　49
肉野菜香味炒め　50
豚肉のデミグラス煮　56
さけときのこの包み蒸し　75
たらのコチュジャン炒め　81
かに豆腐　101
豆乳茶碗蒸しのきのこあんかけ　103
きのこの和風冷製パスタ　112
きのこご飯　121
ソースこんにゃく　129

くだもの

●オレンジ

オレンジとレーズンのはちみつマリネ　159

●グレープフルーツ

わかめときゅうりのグレープフルーツあえ　153

●パイナップル（缶）

豚肉とパインのケチャップ炒め　57

●プルーン（乾燥）

さつまいものりんご煮　139

●マンゴー（乾燥）

フルーティコールスロー　155

●マッシュルーム

えびとマッシュルームのグラタン風　83
豆のトマト煮　95
きのこのオムレツサンド　124
きのこのケチャップ煮　146

●まいたけ

ホワイトグラタン　38
牛肉とまいたけの焼き肉のたれ炒め　46
たらと鶏肉、ちくわの煮もの　81
まいたけと油揚げの煮もの　134
まいたけと鶏肉、ちくわの煮もの　135
きのこのケチャップ煮　154

●なめこ

きのこのスープ　23

●白しめじ

トマトと白しめじのあえもの　153
しめじとさけの炒めもの　134
きのこのもずくあえ　145
きのことこんにゃくの辛子炒め　146
きのことこんにゃくのケチャップ煮　154
きのことピーマンのアンチョビー炒め　154
きのこのワイン蒸し　157
きのこのカラフルマリネ　158

●りんご

いかとりんごの炒めもの　86
フルーティコールスロー　155
にんじんとりんごのサラダ　156
オレンジとレーズンのはちみつマリネ　159

●レーズン

オレンジとレーズンのはちみつマリネ　159

乾物・海藻類

●糸寒天

糸寒天サラダ　151

●きくらげ

ラーメン　40
きくらげのごま油炒め　126

●切り干し大根

切り干し大根のツナサラダ　141
大根のはりはり漬け　149

●車麸

フーチャンプル　128

●桜えび

スナップえんどうと桜えびのあえもの　146

●春雨

和風春雨巻き　85
麻婆春雨丼　107
野菜たっぷりチャプチェ　136

●干しえび

鶏肉おかゆアジア風　115

●青のり

青のり＆コーン入り卵焼き　70

●焼きのり

春菊ののり巻き　70
のりチーズロール　125
キャベツののりあえ　145
きゅうりののりあえ　146

●味つけのり

にらののり巻き　147

●わかめ

ゆで豚と野菜のみそスープ仕立て　15
たこボールの辛子じょうゆ　53
わかめとキャベツのみそ汁　87
わかめと海藻のパスタ　119
わかめときゅうりのグレープフルーツあえ　153
キャベツとわかめのしらすあえ　157
きのこのカラフルマリネ　158

●もずく酢

きのこのもずくあえ　145
もずくのレモン風味サラダ　154

●めかぶ

韓国風めかぶ　152

●ひじき（乾燥・水煮）

玄米入りひじきご飯　113
ひじきとパプリカのごま油炒め　126
ひじきといんげんのサラダ　129
ひじきのポン酢あえ　148
ひじき煮　150
ひじきのピーナッツあえ　155

●とろろ昆布

とろろ昆布のスープ　17
かぶと梅昆布の即席漬け　147

●切り昆布

帆立と海藻のパスタ　119
切り昆布の明太あえ　126

●昆布

筑前煮　31
肉じゃが　31

●塩昆布

ブロッコリーの塩昆布あえ　104
ピーマンの塩昆布あえ　147
かぶと梅昆布の即席漬け　148

●海藻ミックス

ほうれん草ののりマスタードあえ　150

卵

しらたきとわかめの卵とじ …158

●鶏卵
セロリのかき玉スープ …21
チャーハン …40
オムライス …41
玉ねぎたっぷり親子煮 …42
ひじき煮入り卵焼き …60
チキンシーザーサラダ …61
スペイン風オムレツ …69
青のり&コーン入り卵焼き …70
まぐろの和風タルタル …78
たらのピカタ …80
えびとチンゲン菜の蒸しもの …84
あさりのチヂミ …89
ツナの月見グラタン …90
ツナとパプリカのオープンオムレツ …90
枝豆とツナのスクランブルエッグ …91
簡単かに玉の甘酢あんかけ …91
大豆入り焼き春巻き …95
豆腐の簡単グラタン …100
高野豆腐入りかに玉 …101
おからサラダ …102
豆乳茶碗蒸しのきのこあんかけ …103
いんげんのピカタ …104
ほうれん草と炒り卵のあえもの …104
親子丼 …106
三色丼 …108
あぶ玉丼 …109
韓国風あんかけご飯 …109
ヘルシーお豆腐丼 …109
ごぼう入りオムライス …110
炒めないチャーハン …111
卵ご飯のロールキャベツ …111

キャベツのオムレツサンド …23
ぶっかけ納豆そば …117
きのこのオムレツそば …124
卵のしょうゆ煮 …130
そぼろ卵 …130
ひき肉の卵焼き …132
なめたけ&万能ねぎ入り卵焼き …133
野菜ピカタ …136
卵のココット風 …138
スクランブルきんちゃく …138
青菜のチヂミ …138
しらたきとわかめの卵とじ …158

●うずら卵
絹さやとうずら卵の炒めもの …70
オニオンスライスの卵あえ …129
一口スコッチエッグ …140
うずら卵とヤングコーンの炒めもの …142

豆腐・大豆加工品・豆

●絹ごし豆腐
さっぱり揚げだし豆腐 …100
かに豆腐 …101
ヘルシーお豆腐丼 …109
五色パラパラそば …117
豆乳クリーミィスパゲティ …118
豆腐サラダ …158

●木綿豆腐
豆腐そぼろ …19
麻婆豆腐 …33
肉豆腐 …51
揚げと豆腐のびっくり鍋 …99
豆腐の簡単グラタン …100
ブロッコリーと豆腐のホットサラダ …100
焼き野菜の豆腐マヨ添え …139

●厚揚げ
すき焼き …34
厚揚げと野菜の蒸し煮 …98
カリカリ厚揚げ焼き …98
厚揚げの肉ねぎみそ焼き …98
揚げと豆腐のびっくり鍋 …99
かぼちゃのとろーりチーズ …139
焼き野菜の豆腐マヨ添え …141

●油揚げ
油揚げとねぎの塩きんぴら …42
きつね餃子 …67
油揚げのひき肉はさみ焼き …92
きつね八幡焼き …98
揚げと豆腐のびっくり鍋 …99
豆づくしきんちゃく …99
揚げと豆腐のびっくり鍋 …102
あぶ玉丼 …109
まいたけと油揚げの煮もの …135
キャベツと油揚げの煮もの …140
ひじき煮 …150
水菜の煮びたし …155

●いなりずし用油揚げ
サラダいなり …142

●おから
おからサラダ …102
おからハンバーグ …103

●高野豆腐
高野豆腐入りかに玉 …101
高野豆腐のはさみ煮 …101
三色丼 …108

●豆乳
豆乳ポークシチュー …53
和風ポトフ …64
豆乳茶碗蒸しのきのこあんかけ …103
ヘルシーお豆腐丼 …109
豆乳たっぷり豆乳おじや …115
豆乳クリーミィスパゲティ …118

●納豆
納豆ブルスケッタ …102
豆づくしきんちゃく …102
アボカドまぐろ納豆 …103
ぶっかけ納豆そば …117
納豆焼きそば …122

●黒豆（甘煮）
黒豆の紅茶漬け …126

●赤いんげん豆（水煮）
大豆入り焼き春巻き …95

●大豆（水煮）
ヘルシーポークビーンズ …51
いかと大豆のトマト煮 …87
たこと大豆のケチャップ煮 …87
大豆のスープカレー …94
大豆と肉のトマト煮 …95
大豆のみそ炒め …96
大豆のコロコロサラダ …97
玄米入りひじきご飯 …113
大豆のみぞれあえ …131

●ひよこ豆（水煮）
ひよこ豆とかぼちゃのグラタン …97
ひよこ豆入りつくね …97

●ミックスビーンズ（水煮）
豆カレー …94
豆のトマト煮 …95
豆入りライスサラダ …96
豆づくしきんちゃく …102

乳製品

●牛乳（低脂肪）
- 豆腐の簡単グラタン　100

●スキムミルク
- クリームシチュー　39

●カッテージチーズ
- ツナの月見グラタン　90

●スライスチーズ
- のりチーズロール　125
- トマトのじゃがいもはさみ焼き　137

●ピザ用チーズ
- えびとマッシュルームのグラタン風　83
- コロッケ風パン粉焼き　91
- コーンのチーズ焼き　92
- 野菜たっぷり豆乳おじや　115
- かぼちゃのとろ～りチーズ　141
- 青菜のキッシュ風　142

●プレーンヨーグルト
- タンドリーチキン　58
- かじきのヨーグルトみそ漬け　77
- おからサラダ　102
- れんこんサラダ　137
- れんこんときゅうりのサラダ　141

●プロセスチーズ
- ささみチーズ焼き　63

缶詰・びん詰

●あさり水煮缶
- あさりのチヂミ　89
- ペンネのあさりトマトソースあえ　121
- 青菜のチヂミ　138

●アンチョビー
- きのことピーマンのアンチョビー炒め　154

●トマト水煮缶（カット・ホール）
- ロールキャベツ　35

●デミグラスソース缶
- ビーフシチュー　39
- 牛肉ときのこのデミソース煮　49
- 豚肉のデミグラス煮　56

●ツナ缶（ノンオイル）
- パプリカとツナのごまあえ　24
- ツナの月見グラタン　90
- ツナとパプリカのオープンオムレツ　90
- コロッケ風パン粉焼き　91
- 枝豆とツナのスクランブルエッグ　113
- ツナとなめたけの炊き込みご飯　117
- サラダうどん　118
- ナポリタン　122
- キャベツとツナのカレー炒めドッグ　125
- ツナ玉そぼろ　140
- 切り干し大根のツナサラダ　141

●ずわいがに缶
- 簡単かに玉の甘酢あんかけ　91
- かに豆腐　101

●さけフレーク
- コーンとさけフレークのあえもの　42

●コンビーフ缶
- パプリカのコンビーフあえ　143

●コーンクリーム缶
- ブロッコリーのコーンクリームがけ　136

●ホールコーン缶
- コーンとプチトマトのサラダ　21
- コーンとさけフレークのあえもの　42
- 青のり＆コーン入り卵焼き　70
- コーンのチーズ焼き　92
- コーンのココット風　117
- そうめんの和風トマトソースがけ　138

●トマトソース缶
- 煮込みハンバーグ　27
- ビーフシチュー　39
- ヘルシーポークビーンズ　51
- チキントマト煮　59
- シーフードのトマト煮　82
- えびとかぼちゃのトマト煮　83
- いかと大豆のトマト煮　87
- 豆カレー　94
- 豆のトマト煮　95
- そうめんの和風トマトソースがけ　116
- ペンネのあさりトマトソースあえ　121
- ラタトゥイユ　159

●なめたけ
- ほうれん草のなめたけあえ　15
- 厚揚げなめたけソース　99
- アスパラのなめたけあえ　104
- ツナとなめたけの炊き込みご飯　113
- なめたけ＆万能ねぎの炊き込み卵焼き　119
- 山いもとなめたけのわさびおろしあえ　133

●バジルペースト
- ほうれん草のバジルスパゲティ　119

●帆立貝柱水煮缶
- 帆立と大根のうま煮　88
- 帆立と海藻のパスタ　119
- フジッリの帆立あえ　121
- 大根と帆立のマヨあえ　144

●ホワイトソース缶
- シーフードグラタン　82
- えびとマッシュルームのグラタン風　83
- カリフラワーのグラタン　143

●マッシュルーム缶
- ビーフシチュー　39
- ナポリタン　118

●ミートソース缶
- スパゲティミートソース　37

●ヤングコーン（水煮）
- 牛肉とヤングコーンの炒めもの　49
- ヤングコーンのソース炒め　92
- うずら卵とヤングコーンの炒めもの　142

穀類・パン

●米
- 炒めないチャーハン　111
- きのこご飯　112
- 里いもの炊き込みご飯　112
- にんじんライス　113
- ツナとなめたけの炊き込みご飯　113
- 玄米入りひじきご飯　113
- 鶏肉おかゆアジア風　115

●玄米
- 玄米入りひじきご飯　113

●押し麦
- ヘルシーポークビーンズ　51

●ご飯
- チャーハン　40
- オムライス　41
- 豆カレー　94
- 豆入りライスサラダ　96
- 親子丼　106
- 牛丼　107
- 麻婆春雨丼　107
- 牛ひき肉とこんにゃくの甘辛丼　108
- 三色丼　108
- あぶ玉丼　109
- 韓国風あんかけご飯　109
- ヘルシーお豆腐丼　109
- 簡単シーフードピラフ　110
- ごぼう入りオムライス　110

卵ご飯のロールキャベツ ……… 111
野菜たっぷり雑炊 ……… 114
あさりと根菜のエスニックがゆ ……… 114
野菜たっぷり豆乳おじや ……… 115
サラダいなり ……… 142

●サンドイッチ用パン
のりチーズロール ……… 125
ビーフサンド ……… 61

●バゲット
納豆ブルスケッタ ……… 102
チキンシーザーサラダ ……… 125

●ホットドッグ用パン
照り焼きチキンドッグ ……… 124
キャベツとツナのカレー炒めドッグ ……… 124

●ベーグル
きのこのオムレツサンド ……… 125

麺・パスタ

●うどん（ゆで）
サラダうどん ……… 117

●そうめん
そうめんの和風トマトソースがけ ……… 116
冷やし中華風そうめん ……… 116

●そば（ゆで）
五色パラパラそば ……… 117

●中華蒸し麺（焼きそば用）
海鮮焼きそば ……… 117
焼きそば ……… 23
納豆焼きそば ……… 41
牛肉焼きそば ……… 122
牛肉とチンゲン菜の焼きそば ……… 123
鶏肉の塩焼きそば ……… 123
キャベツのオムそば ……… 123

●中華麺
ラーメン ……… 40

●ビーフン
簡単ビーフン ……… 122

●スパゲティ
スパゲティミートソース ……… 37
ナポリタン ……… 118
豆乳クリーミィスパゲティ ……… 118
ほうれん草のバジルスパゲティ ……… 119
水菜としらすのスパゲティ ……… 119
帆立と海藻のパスタ ……… 119
うなぎとルッコラのスパゲティ ……… 119
白身魚とルッコラのスパゲティ ……… 120
きのこの和風冷製パスタ ……… 120

●フジッリ
フジッリの帆立あえ ……… 121

●ペンネ
ペンネのあさりトマトソースあえ ……… 121

●マカロニ
ホワイトグラタン ……… 38

その他

●こんにゃく
筑前煮 ……… 31
鶏肉とこんにゃくのみそ炒め ……… 61
いかのハンバーグ ごぼうソース ……… 86
牛丼 ……… 107
牛ひき肉とこんにゃくの甘辛丼 ……… 108
こんにゃく入りのし鶏 ……… 128
ソースこんにゃく ……… 129
雷こんにゃく ……… 149
きのことこんにゃく ……… 154
きのことこんにゃくの辛子炒め ……… 157
ごぼうとこんにゃくのおかか煮 ……… 158

●しらたき
しらたきのたらこあえ ……… 19
肉じゃが ……… 31
すき焼き ……… 51
肉豆腐 ……… 107
牛丼 ……… 132
牛肉じゃが ……… 145

●甘酢しょうが
きゅうりのしょうがあえ ……… 158

●いかのくんせい
いかのいかくんサラダ ……… 150
セロリのいかくんサラダ ……… 156

●梅干し・梅肉
豚肉の梅風味蒸し ……… 57
ささみチーズ焼き ……… 63
ささみの梅マヨ焼き ……… 63
いわしの梅煮 ……… 75
焼きしいたけとささみの梅肉あえ ……… 134
にんじんの梅煮 ……… 135
かぶの梅肉あえ ……… 144
かぶと梅昆布の即席漬け ……… 148
大根の梅あえ ……… 150
アスパラガスの梅肉あえ ……… 150
ブロッコリーの梅おかかあえ ……… 153

●ザー菜
トマトのザー菜あえ ……… 23
サラダいなり ……… 142

●白菜キムチ
豚キムチ ……… 56
あさりのチヂミ ……… 89
韓国風あんかけご飯 ……… 109

●ナッツ（アーモンド・ピーナッツ・くるみ）
紫玉ねぎとくるみのサラダ ……… 24
ブロッコリーのナッツあえ ……… 151

●紅茶
黒豆の紅茶漬け ……… 126

●昆布茶
ブロッコリーの昆布茶あえ ……… 148

●みかんジュース（100%）
さんまの直火焼きみかんソース ……… 79

●りんごジュース（100%）
さつまいものりんご煮 ……… 139

●シュウマイの皮
餃子 ……… 32

●生春巻きの皮
和風生春巻き ……… 85

●春巻きの皮
大豆入り焼き春巻き ……… 95

●カレー粉
野菜カレー ……… 36
あじのカレームニエル ……… 72
大豆のスープカレー ……… 96

●カレールウ
豆カレー ……… 94
大豆カレー ……… 96

●チンジャオロースの素
チンジャオロース ……… 33

●かに玉の素
高野豆腐入りかに玉 ……… 101

●麻婆豆腐の素
麻婆豆腐 ……… 33
麻婆もやし ……… 67

●ゆかり
キャベツのゆかりあえ ……… 145
大根のゆかりあえ ……… 146

STAFF

調理・レシピ作成	牧野直子、株式会社ヘルシーピット、吉村マサエ
料理アシスタント	徳丸美沙（スタジオ食）
栄養価計算	徳丸美沙（スタジオ食）、株式会社ヘルシーピット
文	山﨑さちこ（シェルト*ゴ）、 加賀田節子（加賀田節子事務所）、岩堀初美
スタイリング	堀井明日香（シェルト*ゴ）、川﨑万里
撮影	対馬一次（トイズランド）、杉野真理
デザイン	門松清香、齋藤彩子（カバー、本体表紙、P1、176）
校正	滄流社
編集	小田真一

新装版 食べてやせる！

低カロリーおかず400

編集人	小田真一
発行人	倉次辰男
発行所	株式会社主婦と生活社
	〒104-8357　東京都中央区京橋3-5-7
	編集部　☎03-3563-5321
	販売部　☎03-3563-5121
	生産部　☎03-3563-5125
	http://www.shufu.co.jp
製版所	東京カラーフォト・プロセス株式会社
印刷所	大日本印刷株式会社
製本所	共同製本株式会社

ISBN978-4-391-15359-0

十分に気をつけながら造本していますが、落丁、乱丁本はお取り替えいたします。お買い求めの書店か、小社生産部にお申し出ください。

Ⓡ本書を無断で複写複製（電子化を含む）することは、著作権法上の例外を除き、禁じられています。本書をコピーされる場合は、事前に日本複製権センター（JRRC）の許諾を受けてください。また、本書を代行業者等の第三者に依頼してスキャンやデジタル化をすることは、たとえ個人や家庭内の利用であっても一切認められておりません。JRRC（https://jrrc.or.jp　Eメール：jrrc_info@jrrc.or.jp　☎03-3401-2382）

©SHUFU-TO-SEIKATSUSHA 2019　Printed in Japan

＊本書は主婦と生活社より刊行された別冊すてきな奥さん『ダイエットおべんとう300』と『おなかいっぱい食べられる！ダイエットおかず300』から読者に人気の高かった料理を厳選し、新規取材を加えて再編集・書籍化した『食べてやせる！低カロリーおかず400』の新装版です。内容は同じですのでご注意ください。

参考資料
『エネルギー早わかり』（女子栄養大学出版部）
『からだに効く栄養成分バイブル』（主婦と生活社）
厚生労働省ウェブサイト
『調理のためのベーシックデータ』（女子栄養大学出版部）
『五訂増補日本食品標準成分表』